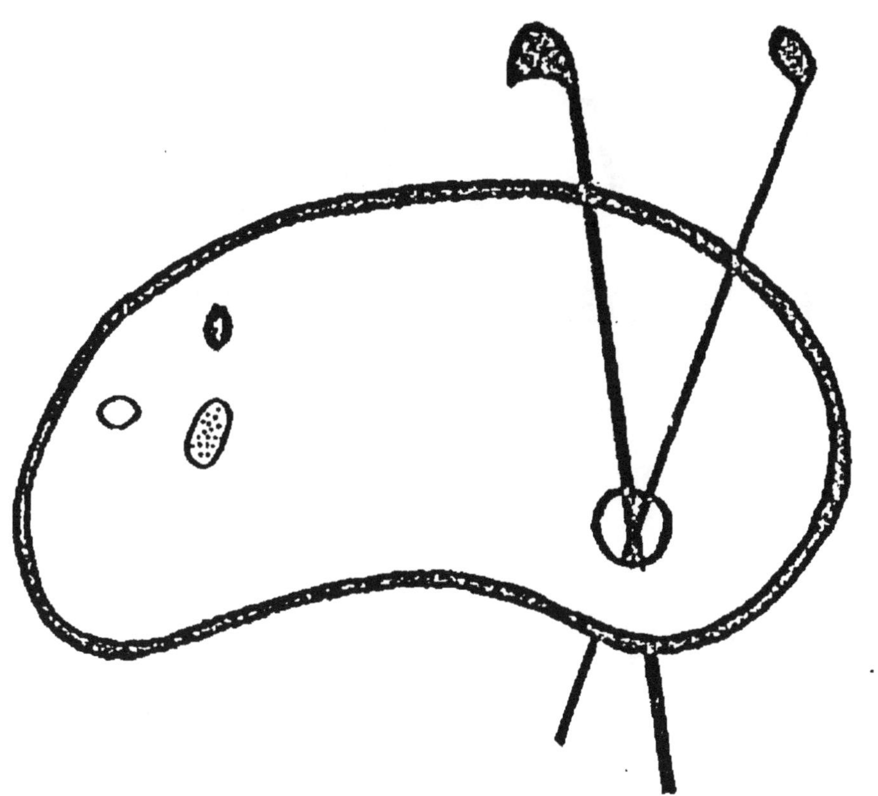

ALBERT MILLET

LE DIVORCE

CE QU'IL A ÉTÉ. — CE QU'IL DOIT ÊTRE.

DISCUSSION

DES

DOCTRINES DE M. NAQUET

NOUVEAU PLAN DE RÉFORMES

PARIS

A. COTILLON & Cie, ÉDITEURS,

Libraires du Conseil d'État,

24, RUE SOUFFLOT, 24.

1880

EN VENTE A LA MÊME LIBRAIRIE :

Paris. — Imp. F. PICHON. — A. COTILLON et Cie, 37, rue des Feuillantines, et 24, rue Soufflot.

LE DIVORCE

DU MÊME AUTEUR:

Manuel du citoyen français, causeries familières sur nos devoirs et nos droits. 1 vol. in-18.......................... 2 fr. 50

La séduction. 1 vol. in-18........... 2 fr. 50

LE

DIVORCE

CE QU'IL A ÉTÉ. — CE QU'IL DOIT ÊTRE.

DISCUSSION

DES

DOCTRINES DE M. NAQUET

NOUVEAU PLAN DE RÉFORMES

PAR

Albert MILLET

AVOCAT

PARIS

A. COTILLON & Cie, ÉDITEURS,

Libraires du Conseil d'État,

24, RUE SOUFFLOT, 24.

1880

AVANT-PROPOS.

Faut-il rétablir le divorce? Voilà, certes, une question brûlante; non qu'elle passionne à un haut degré l'opinion publique, mais, depuis quelques années, des écrivains célèbres, des auteurs dramatiques, des journalistes en renom ont ouvert le feu contre « la séparation de corps » et mené quelque bruit.

Naguère, l'un des champions les plus ardents, M. Alfred Naquet, député, a écrit un livre en faveur du divorce.

Pour lui, rien n'est plus nécessaire que le rétablissement légal de cette institution. « C'est au législateur à en prendre l'initiative, — écrit-il dans la préface de son ouvrage, — et s'il ne la prend pas, c'est au public à s'emparer de cette question et à en faire sa préoccupation constante jusqu'à ce qu'il soit parvenu à en imposer la solution aux représentants de la Nation. »

Fidèle au programme qu'il s'est tracé, M. Naquet a déposé, le 6 juin 1876, sur le bureau de la Chambre des Députés, un projet de loi tendant à rétablir le divorce et à abolir la séparation de corps. Cette première tentative n'eut aucun résultat.

Mais M. Naquet n'est pas homme à se décourager. Il se mit tout aussitôt, et avec une verve intarissable, à stimuler l'opinion en publiant nombre d'articles dans les journaux et en organisant, sous le titre de conférences, de véritables réunions publiques Puis, quand l'orage du Seize Mai fut conjuré, quand la Chambre eut trouvé assez de calme et de sécurité pour aborder paisiblement le chapitre des réformes, l'intrépide député est venu à la rescousse ; et, avec une persistance, qui fait honneur à ses convictions, M. Naquet a déposé une nouvelle proposition en faveur du divorce.

La Commission d'initiative a pensé que « le moment n'était pas venu de mettre en discussion une question si controversée. »

« En effet, — disait le rapporteur, M. Faure, à la séance du 27 mai 1879, — aucune manifestation importante ne s'est produite ; aucune pétition ne vous a été adressée ; et, malgré les appels de quelques écrivains qui semblent se passionner pour la proposition de loi de M. Naquet, la population ne se réveille pas et ne paraît pas y songer. Pourquoi donc jeter dans les esprits une cause de trouble et d'excitation quand il est bien évident que l'opinion n'est pas mûre, en France, pour le rétablissement du divorce? »

M. Naquet a vigoureusement répondu à cette fin de non-recevoir. Après un brillant discours, il a fait « prendre en considération » son projet de loi; une commission parlementaire a été chargée de l'examiner.

La question du divorce est donc à l'ordre du jour, devant l'opinion publique; il est « opportun » de s'en occuper sans retard.

Avant que les débats soient ouverts à la Chambre des Députés et au Sénat, il nous a semblé que tout Français, soucieux de la prospérité de son pays, pouvait donner son avis sincère sur une question qui touche de si près aux intérêts de la Famille et de la Société. Pénétré de cette idée, nous avons cru devoir, après mûr examen, présenter au public le fruit de nos méditations sur cet important sujet.

Aussi bien, M. Naquet lui-même a loyalement appelé ses concitoyens sur le terrain de la discussion : « Espérons que le public, — dit-il dans son livre sur *le Divorce*, — en étudiant cette imposante question, en arrivera à éprouver la conviction profonde que j'éprouve moi-même à réclamer énergiquement une loi qu'on n'a pas une seule bonne raison pour nous refuser. »

Ailleurs, dans certaine lettre dont on a beaucoup parlé, M. Naquet a écrit : « Je suis de ceux qui pensent que la France deviendrait inhabitable si l'on devait absolument se fuir lorsqu'on ne pense pas de même. Je vais jusqu'à trouver que la contradiction aiguise l'esprit et a souvent pour effet de fortifier un homme dans ses propres principes. »

Nous allons donc, à notre tour, examiner « l'imposante question » du divorce, avec une entière indépendance d'esprit et de caractère.

Grâce aux nombreux documents que nous rapportons ici, grâce aussi à nos réflexions personnelles sur la constitution de la famille et les mœurs françaises, nous avons pensé trouver des aperçus nouveaux à l'endroit du divorce.

Nous ne nous sommes point placé aux divers points de vue où l'on se pose d'ordinaire ; nous avons formulé un autre principe, et, partant, nous sommes arrivé à d'autres conclusions.

Dans tous les écrits, livres, revues, journaux, que nous avons lus au sujet du mariage et du divorce, nous n'avons trouvé, en somme, que deux thèses radicalement opposées :

Les uns proclament, d'une façon absolue, l'indissolubilité du mariage » et admettent seulement la « séparation de corps, » qui relâche le lien conjugal, sans jamais le briser.

Les autres affirment que le mariage est un contrat ordinaire, toujours dissoluble, et que les époux désunis doivent toujours avoir la liberté de recourir au « divorce », qui rompt tous les liens matrimoniaux et qui permet aux divorcés de se remarier chacun de leur côté. Pour ceux-là, le divorce est un « remède héroïque ».

Il nous semble qu'en une matière aussi complexe et aussi délicate, il y a des nuances à observer.

En général, nous nous méfions de « l'absolutisme». Le sage a dit: *Medio stat virtus.*

Tel est peut-être ici le cas.

Nous n'avons, certes, pas la prétention « d'aiguiser », par la contradiction, l'esprit d'un homme aussi docte et aussi spirituel que M. Naquet. Comme il le dit lui-même, avec quelque malice, il est fort possible que la discussion le « fortifie dans ses principes ».

Mais notre but n'est point de modifier « la conviction profonde » de l'éloquent avocat du divorce, avec lequel, d'ailleurs, nous ne sommes pas en désaccord absolu.

Notre désir est de jeter quelque lumière sur

des points mal éclairés, de rectifier des erreurs, de réparer des oublis, de citer des faits significatifs et d'apporter ainsi notre contingent dans l'examen d'un problème social qui mérite la plus sympathique attention.

Nous nous adressons au public, notre juge. Nous nous adressons aussi aux représentants du peuple.

Car c'est, en somme, au Parlement qu'il appartient de trancher la question, après l'avoir sérieusement examinée et librement discutée.

LE DIVORCE

TITRE PREMIER

Coup d'œil rétrospectif.

CHAPITRE PREMIER.

L'union des sexes au temps des hommes primitifs. — Le mariage et la polygamie. — Esclavage de la femme. — La répudiation et le divorce. — Leur origine historique. — Lois de Moïse chez les Juifs.

§ 1er.

Avant de nous demander s'il faut rétablir le divorce en France, jetons un coup d'œil rapide sur le passé ; il est utile de consulter l'histoire avant d'aborder l'examen d'une question aussi délicate.

Il est peu de sujets qui aient soulevé, en tout temps et en tout pays, des controverses plus vives et produit des législations plus variées.

Pourquoi?

Parce que rien n'est plus difficile que de toucher à ces questions qui se rattachent au mariage et qui embrassent toutes ses conséquences naturelles, juridiques et sociales.

D'ailleurs, quoi de plus complexe?

Le climat, les coutumes, les religions, les mœurs, la civilisation ont toujours exercé une influence directe sur les lois qui ont régi l'union conjugale.

Avant toute société civilisée, chez les sauvages, qui n'avaient guère pour règles que leurs appétits ou leurs instincts, le mariage ne devait être qu'une sorte d'accouplement, sans cérémonie, suivi aussitôt d'un divorce, sans formalité.

> *Quos venerem incertam rapientes more ferarum*
> *Viribus editior cædebat ut in grege taurus,*

a dit le bon Horace. Les enfants, nés au milieu de cette promiscuité bestiale, connaissaient rarement leur père.

Plus tard, quand les hommes, ébauchant la société future, se sont réunis en tribus, ont possédé des propriétés, cultivé des champs, échangé ou vendu leurs produits, la famille s'est constituée : l'homme a cherché une compagne qui lui restât attachée et fût chargée de donner ses soins non seulement aux enfants, mais aux travaux domestiques.

Les enfants se sont groupés autour de leurs parents, de leurs ancêtres, et ont formé des familles.

Les familles ont ensuite formé des peuples.

Il est si vrai que la loi doit réglementer le mariage, que chez tous les peuples, même barbares, l'union conjugale a été soumise à quelques règles, plus ou moins rationnelles.

Et le divorce, quand advint-il?

Voltaire pense que le divorce est à peu près de la même date que le mariage; et cet éternel rieur ajoute plaisamment : « Je crois pourtant que le mariage est de quelques semaines plus ancien, c'est-à-dire qu'on se querella avec sa femme au bout de quinze jours, qu'on se battit au bout d'un mois, et qu'on se sépara après six semaines de cohabitation. »

C'est là une spirituelle fantaisie.

Ce qu'il y a de certain, c'est que les législateurs les plus reculés ont admis le divorce et que, par un singulier retour des choses d'ici-bas, les hommes les plus « avancés » nous proposent aujourd'hui de revenir aux lois des

Médes, des Perses, des Egyptiens, des Grecs, qui autorisaient le divorce, d'une manière absolue, voire même la répudiation.

§ 2.

Cherchons quelle était, au sujet du mariage, l'idée qui dominait pendant l'enfance de l'humanité.

Les législateurs antiques, après l'apaisement des premières luttes, ont consacré le principe de la « propriété », basée sur l'occupation et le travail. L'homme, qui représentait la force, était considéré comme le maître par excellence; la femme était au nombre de ses conquêtes et de ses biens. Un mari possédait sa femme, dans toute l'acception du mot. Il l'achetait, le plus souvent, en échange de quelques valeurs ou de minces présents.

Chez le peuple juif — par exemple - que voyons-nous?

Quand Eliézer, le vieux serviteur d'Abraham, — après avoir prêté serment en mettant la main sous la cuisse de son maître, — s'en va demander Rébecca en mariage pour Isaac, il part avec une dizaine de chameaux et emporte un échantillon de toutes les richesses du patriarche. Arrivé dans le pays de Bathuel, il rencontre vers une fontaine la jolie fille qu'il cherchait. Mais après cette poétique rencontre que se passe-t-il? Le fidèle intendant d'Abraham va chez Rébecca; il fait des présents à tout le monde et, en échange, il demande à emmener la jeune vierge sans retard. Alors, les parents lui disent : « Tenez, la voilà devant vous; emportez-la et partez. » Le mariage est conclu. Rébecca monte sur un chameau et s'en va, avec Eliézer, chez celui qui devait être son maître.

La Bible a donné un reflet de poésie au mariage de la belle Rébecca; mais il est positif que chez les Hébreux, comme chez presque toutes les peuplades de l'antiquité, le mariage se concluait d'une façon assez prosaïque. La jeune fille était échangée contre des présents et livrée à l'acheteur. Le père, en acceptant le prix convenu, se dépouillait de son pouvoir ou de son droit en faveur de son gendre, qui l'avait loyalement payé. La femme, ainsi achetée, appartenait au mari comme une esclave; nul n'avait le droit de se l'approprier. L'adultère était un vol : c'était un outrage à la *propriété* du maître.

Toutes les annales de l'histoire témoignent de cet antique usage.

Et d'ailleurs, aujourd'hui, en plein dix-neuvième siècle, ne trouve-t-on pas encore, dans les pays d'Orient, les traces les moins équivoques de cette barbare coutume? Ces mœurs mercantiles ne s'épanouissent-elles pas au grand jour chez les Musulmans?

La polygamie, qui de nos jours subsiste en Turquie, en Asie et ailleurs, n'est-elle pas une preuve palpable des faits historiques que nous venons de rappeler? Et la pluralité des femmes n'est-elle pas aussi une conséquence manifeste du principe faux que nous venons de signaler en parlant de la vente des épouses?

Du jour où l'on a placé les femmes au nombre des choses dont la propriété pouvait s'acquérir à beaux deniers comptants, le droit d'en « posséder » plusieurs s'est logiquement affirmé; on les a considérées comme des meubles qui devaient être le jouet de leur possesseur, comme des objets précieux qui devaient embellir la maison de leur puissant seigneur. Le sérail, dès lors, n'a pas tardé à renfermer un troupeau féminin ayant pour bergers des eunuques.

D'autre part, les femmes se trouvant achetées en grand nombre par de riches accapareurs, la disette s'ensuivit, et les hommes infortunés se sont cyniquement consolés entre eux. La sainte Bible, à propos de Sodome, nous dévoile ces habitudes, très-peu saintes, dont la polygamie est une des causes principales.

C'est ainsi que la pluralité des épouses, contraire au droit naturel et à la loi morale, quoi qu'en dise le divin Mahomet, a fait naître deux crimes contre nature.

Ce n'est pas tout. L'amour, au harem, est remplacé par la volupté ; il n'y a plus un chef de famille, mais un tyran domestique qui fait trembler sous son joug des êtres asservis. Le cœur est atrophié; les sentiments sont avilis ; il n'y a plus que des sensations chez la plupart de ces créatures.

Les enfants nés dans ces cloîtres du libertinage sont élevés par des mères dégradées ou des mercenaires, et, au milieu de cet amas de frères consanguins, la fraternité disparaît pour faire place à l'indifférence, à l'envie, à la haine.

Voilà où une grande partie du genre humain est arrivée en partant d'un principe erroné, — à savoir : que la femme est la propriété de l'homme. Toute maxime mauvaise entraîne forcément vers le mal. Le vice est comme un poison qui s'infiltre peu à peu dans l'organisme de la société et qui en amène fatalement la corruption.

§ 3.

L'esprit de propriété, qui jadis a prostitué le mariage et enfanté la polygamie, n'est pas étranger, selon nous, à l'origine historique de la répudiation et du divorce.

En effet, puisque les hommes avaient la faculté d'acheter leurs épouses et d'en user à leur guise, ils avaient, par suite, le pouvoir de se défaire des femmes gênantes. C'était logique.

Chez les peuples où la polygamie n'était pas sanctionnée par les lois, la répudiation permettait au mari de rompre le mariage et de prendre une nouvelle épouse.

Le droit de changer de femme équivalait presque à celui d'en posséder plusieurs à la fois; c'était une polygamie successive. D'aucuns même peuvent estimer que le premier de ces droits offrait au mari plus d'avantages que le second; car, grâce à la répudiation, l'homme pouvait avoir les agréments de la variété, sans les embarras dispendieux de la quantité.

A l'origine, l'homme seul, le maître, avait le droit exclusif de provoquer la rupture.

Les lois de Moïse toléraient la répudiation: les maris, chez les Hébreux, étaient tellement tyranniques qu'ils renvoyaient ou tuaient leurs épouses pour en posséder de plus jeunes, de plus riches ou de plus belles. Entre deux maux il valait mieux choisir le moindre. Moïse réglementa la répudiation.

Les Juifs attachaient un prix tout particulier à la virginité de l'épouse. Le mari pouvait se plaindre de ce que sa femme n'était pas vierge au moment du mariage. Il formulait alors une accusation précise. Les parents de la jeune épouse avaient le droit de prouver le contraire. Si la preuve de la virginité était faite, « les anciens (les juges) faisaient frapper le mari et le condamnaient de plus à payer cent sicles d'argent au père de sa femme, parce qu'il avait voulu répandre l'opprobre d'un nom honteux sur une fille d'Israël. » Mais si l'accusation du mari était fondée, si l'on n'avait pu prouver que la jeune fille était vierge, les juges la faisaient sortir de la maison, et les habitants de la ville pouvaient la lapider, « parce qu'elle avait commis un crime en Israël. »

La répudiation, chez les Juifs, était toujours entourée de certaines formalités ; elle devait être au moins libellée. Les motifs de la répudiation étaient laissés, généralement, à l'appréciation du mari. Nous en trouvons la preuve dans les lois de Moïse : « Si un homme, après avoir épousé une femme et vécu avec elle, en conçoit ensuite du dégoût, *propter aliquam fœditatem*, il dressera un acte de répudiation : il le lui mettra dans la main, et il la renverra de sa maison. »

La femme répudiée pouvait se marier avec

un autre homme ; mais elle ne pouvait plus, après la rupture de ce mariage, se remarier avec son premier propriétaire. Elle était « souillée et abominable devant le Seigneur (1). »

La répudiation laissait toujours sur le front d'une femme quelque trace d'infamie. Et l'on se demande, en vérité, si la répudiation, mise ainsi au pouvoir d'un mari despote, n'était pas, pour les femmes, beaucoup plus pénible que la polygamie.

Au reste, la polygamie était aussi permise ou tolérée chez les Hébreux. Les patriarches eux-mêmes pouvaient avoir plusieurs femmes. Exemple : le vénérable Abraham, regrettant de ne pas avoir d'enfants de Sarah, épousa Agar, une jeune égyptienne qui était au service de sa première femme. Ce fut Sarah elle-même qui lui conseilla de prendre sa servante pour nouvelle épouse (2). Agar ne tarda pas à devenir enceinte; elle eut pour fils Ismaël. Mais Sarah, sur le tard, donna aussi un enfant à Abraham. Les deux mères devinrent deux rivales. Sarah ayant vu le fils d'Agar jouer avec Isaac, son fils, dit à Abraham : « Chassez cette femme avec Ismaël, car l'enfant de cette servante ne sera point héritier avec mon fils. » Le mot pa-

---

(1) Deutér. XXIV, v. 4.

(2) Genèse, ch. XVI, v. 3 et 4.

rut dur à Abraham qui aimait Ismaël, son premier né. Mais, après avoir écouté la voix de Dieu qui, d'après la Bible, conversait souvent avec lui, le saint patriarche se leva de grand matin, prit du pain et une outre pleine d'eau, qu'il posa sur l'épaule d'Agar, lui donna son fils et la renvoya. La pauvre répudiée s'enfuit alors dans le désert.

On le voit, la répudiation marchait de pair avec la polygamie.

Telles étaient, sur ce point, les mœurs « patriarcales » chez les Juifs. Et encore Abraham était-il le type de l'honnêteté ! Que pourrions-nous dire de David, de Salomon « le Sage », et de tant d'autres personnages bibliques ?...

Fermons la Genèse, et passons.

CHAPITRE II.

Le mariage chez les Romains. — Le concubinat. — La répudiation. — Le divorce. — Le chef de famille. — La matrone. — Rôle de la femme. — Les scandales du divorce.

§ 1er.

Sous l'empire de l'ancien droit romain, le mari avait une puissance illimitée. De par la loi des Douze Tables, le père de famille (*paterfamilias*) avait la faculté atroce d'abandonner ses enfants, de les déshériter, de les vendre, voire même de les tuer. A plus forte raison avait-il le droit de répudier sa femme et de la chasser de sa maison.

Le *paterfamilias* était absolument maître chez lui : il avait *in domo dominium*.

Là encore nous retrouvons cet esprit de « propriété » qui animait presque toutes les lois primitives.

Les formes mêmes du mariage, à Rome, indiquaient bien l'idée qui présidait à l'union des époux. Le mariage s'accomplissait par la *coemptio*, par la vente. Le contrat, pour être parfait, devait être suivi d'une « tradition », en d'autres termes, d'une livraison; la femme devait être conduite au domicile de celui qui l'avait acquise. De cette vente solennelle découlait la *mancipatio;* l'épouse, ainsi achetée, était placée sous la *manus*, sous la puissance du mari, son maître.

Jamais, chez aucun peuple, la vente de l'épouse ne s'est plus ouvertement affichée.

Le mariage des plébéiens se faisait *per æs et libram* : de la monnaie et une balance, tels étaient à Rome les symboles ordinaires du contrat matrimonial ! Quoi de plus mercantile ?

Lorsque la femme était sous la puissance d'un ascendant, celui-ci cédait ses droits au mari devant des témoins, et devant le fonctionnaire qui tenait la symbolique balance (le *libripens)*. Après la vente, la jeune plébéienne était livrée à l'acheteur, absolument comme une marchandise. Le mari enlevait alors sa femme et l'emmenait chez lui, *uxorem ducebat.*

Un homme pouvait aussi obtenir *per usum*, par l'usage, des droits sur une femme. Il pouvait l'acquérir par la « possession », comme on acquiert un champ par la prescription; il suffisait que la femme n'eût pas découché trois nuits de suite, pendant l'année. L'épouse tombait alors sous la *manus* de son légitime propriétaire.

Il y avait encore, chez les Romains, une union licite entre l'homme et la femme ; c'était le « concubinat » qui, à la différence des « justes noces, » ne produisait pas d'effets civils. Les enfants nés de ces sortes d'unions n'étaient héritiers de leur père que dans le cas où il n'y avait point d'autres enfants légitimes ; et, chose assez curieuse, les enfants portaient dans ce cas le nom de leur mère. Quant à la femme, bien qu'elle fût alors dans une situation légale, elle ne portait point le noble titre d'épouse, *uxor* (1).

Mais à côté ou plutôt au-dessus de ces unions purement civiles, il y avait le mariage religieux, qui s'appelait *confarreatio*. Les époux païens, — fait digne de remarque — s'unissaient, communiaient (*cum unire*) en mangeant ensemble une sorte de gâteau, préparé avec la farine de froment (*farreum*). Mais ce mariage, loin d'être la règle, était admis par exception, il était usité particulièrement chez les patriciens ; c'étaient les noces aristocratiques. La fiancée se consacrait devant les dieux à l'homme qui l'avait demandée. Après la cérémonie, le cortége des époux s'avançait dans la rue, au

---

(1) Le mariage morganatique (mariage de la main gauche) a quelque analogie avec le concubinat des Romains.

milieu des cris de joie, et l'on conduisait pompeusement la femme dans la demeure de son époux.

Ce mariage attribuait certains priviléges; ainsi, les enfants des Romains mariés par *confarreatio* avaient l'honneur insigne d'être « flamines » de Romulus, de Mars et de Jupiter. Pendant la première période de l'histoire romaine, les patriciennes, ainsi mariées, avaient l'avantage de ne pas tomber *in manu.* Mais la puissance maritale reprit bientôt ses droits : la *confarreatio* était suivie d'un pacte (*conventio in manum*) qui se concluait avec force solennités et mettait régulièrement l'épouse « sous la main » souveraine de l'époux.

§ 2.

Avec les principes adoptés par les lois romaines, la répudiation et le divorce étaient admis, comme bien l'on pense.

La logique veut qu'il en soit ainsi.

La femme, acquise comme une chose, peut évidemment être revendue ou répudiée. L'homme peut rompre le mariage par sa seule volonté ; la femme, elle, ne le peut pas, car elle est une sorte d'esclave.

Il en était ainsi à l'origine de Rome.

Cependant les lois ultérieures apportèrent, dans l'intérêt de la famille, quelques restrictions au pouvoir despotique du mari : il ne pouvait renvoyer sa femme que lorsqu'elle avait commis un adultère, attenté à la vie de ses enfants, contrefait les clefs qui lui avaient été confiées, etc... Si le mari répudiait sa femme sans avoir un de ces motifs légaux, la moitié de sa fortune était attribuée à sa femme et l'autre moitié était donnée au temple de Cérès. Le législateur avait vu là un puissant moyen de refréner l'esprit inconstant de certains époux. A notre avis, cette sanction ne pouvait manquer d'être fort efficace, et par suite il y a lieu de croire que la déesse ne faisait pas, de ce chef, une moisson de cadeaux. Toutefois cette amende pécuniaire ne touchait guère les indigents ; cela ne les empêchait pas de renvoyer leurs femmes ; et quand un mari n'avait pas de fortune, Cérès elle-même perdait ses droits.

Le mariage religieux (*confarreatio*) n'était pas indissoluble ; le divorce alors était difficile, mais non impossible. La séparation des époux était soumise à une nouvelle cérémonie religieuse (*diffarreatio*). Cette solennité du divorce religieux avait, à Rome, un caractère très-imposant.

Le droit de divorcer était inaliénable.

Était nulle toute convention qui avait pour but d'interdire le divorce ou d'obliger la personne qui voulait le demander, à payer une somme d'argent.

Aussi bien, il faut reconnaître que pendant les premiers siècles, au milieu de l'austérité des mœurs de la République romaine, le divorce, pour licite qu'il fût, n'était point en honneur; il était même vu avec une certaine défaveur.

La vie domestique était généralement exempte de désordres. Il n'était pas rare de voir, à côté du *paterfamilias*, la mère de famille, la « matrone » vertueuse, qui gouvernait avec dignité sa maison. Les matrones romaines ont donné maints exemples de fidélité, de constance et de dévouement pour la patrie. On saluait Junon de ce titre, parce qu'elle était la divinité protectrice des femmes en âge ou en état de devenir mères.

On retrouve assez souvent sur les monuments funéraires de l'ancienne Rome, des épitaphes qui témoignent du respect dont on entourait la femme qui n'avait eu qu'un seul mari. « *Conjugi piæ, inclytæ, univiræ,* » c'est-à-dire : « A l'épouse pieuse, qui a joui d'une bonne renommée et qui n'a eu qu'un seul époux. »

§ 3.

Plus tard, les mœurs se modifièrent, et, avec elles, les coutumes et les lois.

La puissance du mari perdit peu à peu de sa rigueur.

Le droit de divorcer, qui à l'origine n'appartenait qu'aux maris, fut reconnu aux femmes. Le mariage, du reste, n'avait déjà plus le même caractère.

Pendant la seconde période de l'histoire romaine, on institua le mariage par simple consentement ; ce nouveau mode de *connubium* entraîna, par voie de conséquence, un nouveau mode de séparation : le divorce par consentement mutuel (*bonâ gratiâ*).

Le divorce devint alors plus usuel.

Les abus s'accentuèrent d'abord au temps d'Auguste ; l'institution du divorce facilita les désordres domestiques et développa la dissolution des mœurs publiques.

Le mariage finit par être déconsidéré ; on fit des lois contre le célibat ; on accorda des privilèges aux gens mariés, afin de refréner la licence et de donner plus d'attrait à la vie domestique. Voici le discours qu'Auguste prononça au milieu du Sénat romain ; il est assez curieux et jette un jour singulier sur cette époque :

« Pendant que les maladies et les guerres nous enlèvent tant de citoyens, disait Auguste, que deviendra l'État si l'on ne contracte plus de mariages ? La cité ne consiste point dans les maisons, les portiques, les places publiques ; ce sont les hommes qui font la cité. Vous ne verrez point, comme dans les fables, des hommes sortir de dessous de terre pour prendre soin de vos affaires. Ce n'est point pour vivre seuls que vous restez dans le célibat ; chacun de vous a des compagnes de sa table et de son lit, et vous ne cherchez que la paix dans vos déréglements !...

« Citerez-vous ici l'exemple des vierges vestales ?... Alors, si vous ne gardiez pas les lois de la pudicité, il faudrait donc vous punir comme elles ! Vous êtes également mauvais citoyens, soit que tout le monde imite votre exemple, soit que personne ne le suive. Mon unique objet est la perpétuité de la République. J'ai augmenté les peines de ceux qui n'ont point obéi, et, à l'égard des récompenses, elles sont telles, que je ne sache pas que la vertu en ait de plus grandes ; il y en a de moindres qui portent mille citoyens à exposer leur vie, et celles-ci ne vous engageraient pas à prendre une femme et à nourrir des enfants ! »

Vaines tentatives. — On ne se souciait même

plus du « concubinat » et l'union conjugale, toujours discréditée, était devenue une manière de concubinage.

Mécène divorça et reprit la même femme jusqu'à trois fois. Mais, d'ordinaire, les Romains de la décadence, quand ils daignaient se marier, changeaient volontiers d'épouse. Les Romaines de ce temps-là témoignaient aussi un goût très-vif pour la variété des époux.

Le scandale partout s'étalait.

Juvénal, en flagellant les vices de son époque, déclare qu'une femme, ayant l'habitude de divorcer, pouvait compter le nombre de ses maris par le nombre de ses années. Le poète dit même, au milieu de ses satires, que des femmes « trouvaient moyen de changer huit fois de mari en cinq ans. » Et Saint Jérôme cite une femme romaine qui est morte après avoir eu vingt-deux époux.

N'était-ce pas là le comble du désordre et de l'immoralité ?

CHAPITRE III.

Le mariage chez les Barbares. — Rôle de la femme. — Répudiation et divorce.

§ 1.

Chez les peuples que l'on est convenu d'appeler « les Barbares », le mariage revêtait presque toujours la forme d'une vente ; le mari achetait le *mundium* à celui qui exerçait ce droit sur sa fille. Nous retrouvons encore ici cette idée de « propriété » qui, d'ordinaire, inspirait les transactions matrimoniales au temps jadis.

Toutefois, chez les Germains, la femme était moins mal traitée ; elle était regardée plutôt comme une associée que comme une esclave. Les présents nuptiaux n'étaient pas faits au père ; ils étaient offerts à la femme et revenaient avec elle au mari (1). Ces présents n'étaient pas des frivolités, ni même des objets à l'usage des femmes ; c'étaient souvent un che-

(1) Tacite, *German.*

val, des bœufs, ou bien un bouclier, une framée et un glaive. Le mariage, en Germanie, ne ressemblait donc pas au mariage « avec gratification » usité chez les Juifs, ni à la *coemptio* employée chez les Romains. Les Germains, du reste, avaient pour la femme une sorte de culte; ils voyaient en elle une créature bienfaisante et ils l'entouraient d'égards au foyer domestique.

Mais c'était là une trop rare exception. Les autres peuples tenaient la femme dans un état voisin de la servitude. Les Gaulois avaient même droit de vie et de mort sur leurs femmes et leurs enfants (1).

§ 2.

Chez la plupart des peuples « barbares » qui avoisinaient l'empire romain, le divorce était admis, et il s'exerçait avec facilité ; la procédure n'était point inventée; les formalités étaient inconnues. A peine rencontrait-on, ici et là, certains usages assez remarquables.

Ainsi, le mari, avant la séparation, réclamait à sa femme les clefs de la maison; puis les di-

---

(1) César, *Guerre des Gaules*, VI, 19.

vorcés prenaient une bande de lin, la coupaient en deux et en conservaient chacun la moitié. Cette singulière coutume se retrouva plus tard chez les anciens Moscovites.

« Un mari et une femme mécontents l'un de l'autre sortaient ensemble de la maison, tenant chacun par un coin une sorte de serviette, et, se rendant ainsi à la première place ou au premier carrefour du lieu, ils tiraient, chacun de leur côté, jusqu'à ce que le morceau de linge fût déchiré et séparé en deux; après quoi, l'un s'en allait par une rue et l'autre par une rue opposée; cela équivalait chez eux à l'acte le plus authentique pour la validité du divorce (1). »

Le mari, chez les peuples Barbares, avait le droit absolu de répudier sa femme, si tel était son bon plaisir; seulement, lorsqu'il l'expulsait de la maison conjugale, sans motifs sérieux, il lui devait quelques dédommagements pécuniaires ; il lui rendait tout ou partie de sa dot. Quand l'épouse avait des torts graves à se reprocher, elle perdait sa dot après la répudiation ou le divorce.

La femme n'avait la faculté de divorcer avec

(1) Le déchirement d'une bande de lin ou d'une serviette, de la part des divorcés, était peut-être, chez les Moscovites, une allusion à la rupture du poêle sous lequel les époux étaient placés lors de la célébration du mariage.

son mari que dans certains cas déterminés.

Les lois galloises, par exemple, autorisaient la femme à s'éloigner de son époux, sans encourir la perte de sa dot, dans trois cas particuliers: *si leprosus sit vir*, — *si habeat fetidum anhelatum*, — *et si cum eà concumbere non possit*, c'est-à-dire : si le mari était atteint de la lèpre, — s'il avait l'haleine infecte, — ou s'il ne pouvait remplir avec son épouse le devoir conjugal (1).

Les époux divorcés pouvaient se remarier entre eux, tant qu'ils n'étaient pas engagés dans d'autres liens. Les lois galloises contenaient, à ce sujet, une disposition assez pittoresque :

Quand un époux avait renvoyé sa femme et s'en repentait, il pouvait la reprendre, lors même qu'elle s'était promise à un autre ; mais il ne fallait pas attendre que le mariage fût réellement « consommé ». Il fallait au moins que le premier mari eût assez de dextérité pour « *eam attingere habentem unum pedem in lecto cum alio viro et alterum pedem ultrà lectum* (2). »

L'histoire ne nous dit pas si beaucoup de

---

(1) *Leg. Walliæ*, lib. III, tit. 20, c. 31.
(2) *Leg. Walliæ*, lib. II, tit. 21, c. 10.

maris se sont trouvés dans cette situation délicate, et s'ils ont été assez habiles pour ressaisir leur femme au moment précis où elle avait un pied dans le lit d'un rival et l'autre hors de ce lit.

Chez les Saxons et les Danois, celui qui voulait épouser une jeune fille commençait par se fiancer avec elle, après certaines cérémonies toutes patriarcales. Le jeune homme remettait ensuite le « prix d'achat » aux parents de sa fiancée.

Les lois civiles permettaient le divorce, même lorsqu'un seul époux en exprimait fermement la volonté.

Le mari qui demandait la rupture sans motifs graves devait rendre tout ce qui pouvait appartenir à la femme, et il perdait son « prix d'achat ».

Si au contraire c'était la femme qui divorçait sans le consentement de son mari, celui-ci se faisait restituer ce qu'il avait donné pour l'acquisition. La vente conjugale se trouvait ainsi résolue ; le « prix d'achat » était rendu.

Mais quand une femme avait trompé son conjoint ; quand, par exemple, avant son mariage, elle avait manifestement accordé ses faveurs à un autre ; quand elle n'apportait point à son mari son « capital » virginal ; ou bien, quand, une fois mariée, elle avait commis un adultère, l'époux outragé pouvait renvoyer son indigne compagne. Il n'avait alors aucune obligation pécuniaire à remplir, à l'égard de sa femme; et, pour se consoler, il pouvait, de par les lois d'Æthelbert, chercher le bonheur auprès d'une autre épouse.

CHAPITRE IV.

Le christianisme. — Affranchissement de la femme. — Les Pères de l'Eglise. — Controverses sur le divorce. — Les empereurs chrétiens. — Les premiers conciles. — Le concile de Trente. — Le droit canonique.

§ 1er.

A l'origine du christianisme, à ce moment de transition,

.... où d'un siècle barbare
Naquit un siècle d'or plus fertile et plus beau,

la femme était donc asservie chez tous les peuples, et les lois des Juifs, des Romains, des Barbares admettaient toutes la répudiation ou le divorce.

La religion nouvelle allait-elle autoriser encore cette violente rupture du lien conjugal ?

Les Pères de l'Eglise, qui étaient les Docteurs de l'époque, ne furent point d'accord sur la question de « l'indissolubilité du mariage ». Ils discutèrent le texte des Evangiles.

Les uns disaient que le « Nouveau Testament » n'était pas contraire à la loi de Moïse, qui permettait le divorce, et que Jésus lui-même avait admis la dissolution du mariage, au moins en cas d'adultère de la femme; ils appuyaient leur opinion sur un passage de Saint Mathieu : « C'est à cause de la dureté de votre cœur que Moïse vous a permis de renvoyer vos femmes, » a dit Jésus-Christ aux Juifs qui l'entouraient, « mais cela n'a pas été ainsi depuis le commencement. Aussi je vous déclare que quiconque renvoie sa femme, *si ce n'est pour cause d'inconduite*, et en épouse une autre, commet un adultère, et que celui qui épouse celle qu'un autre aura renvoyée, commet un adultère (1). »

Les autres Pères disaient, au contraire, que le Christ avait fait un devoir moral de respecter toujours le lien conjugal. Ils faisaient observer que le Divin maître avait déclaré adultère l'homme qui, après avoir renvoyé sa femme, en épousait une autre, du vivant de la première, et que, de même, il avait déclaré coupable la femme répudiée qui se remariait sous les yeux de son premier mari. Ceux-là appuyaient leur avis sur certains passages des autres Evangélistes : *Omnis qui dimisit uxorem et alteram ducit, mœchatur.* « Quiconque

(1) Saint Mathieu, ch. XIX.

renvoie sa femme et en épouse une autre commet un adultère (1). »

Les premiers insistaient : ils soutenaient que Saint Mathieu était également digne de foi, et que, d'après lui, le Christ avait admis exceptionnellement le divorce, en cas d'adultère de la femme. Tertullien, Saint Ambroise et Saint Epiphane partageaient ce sentiment; ils admettaient le divorce.

D'autre part, Saint Jérôme, Saint Jean-Chrysostôme et surtout Saint Augustin proclamèrent hautement l'indissolubilité du mariage. D'après eux, l'évangile de Saint Mathieu autorise bien le mari à renvoyer sa femme et à se « séparer » d'elle, si elle a commis un adultère; mais il ne lui permet pas d'en épouser une autre avant la mort de la première.

Il faut convenir que le texte de Saint Mathieu pouvait laisser le champ libre à de sérieuses controverses.

Au IVe siècle, le concile d'Arles, où siégeaient six cents évêques, conseilla seulement aux époux séparés, pour cause d'adultère, de ne pas se remarier, mais il ne leur en fit pas une obligation absolue.

En 325, le concile de Nicée, composé de trois

(1) Saint Marc, ch. X, v. 11 et Saint Luc, ch. XVI, v. 18.

cent dix-huit Pères, ne s'éleva point contre le divorce. C'est précisément vers cette époque que Sainte Fabiole répudia son mari, coupable d'adultère, et convola en secondes noces. L'apôtre l'excuse : « Mieux vaut, dit-il, se marier que brûler. » Il plaide pour elle les circonstances atténuantes : « La loi des sens a combattu en elle, si jeune, la loi de l'esprit (1). » Et l'Eglise, malgré ce divorce et ce second mariage, ne crut pas devoir refuser à la bienheureuse Fabiole l'auréole de sainteté.

§ 2.

Les premiers empereurs chrétiens ont maintenu le divorce et l'ont réglementé. Constantin, en 331, fit quelques lois restrictives ; il ne permit au mari de divorcer que pour des causes graves et des griefs bien constatés.

Au Ve siècle, le divorce fut rendu plus facile (2).

Le consentement mutuel des époux fut admis par l'empereur Athanase.

Les conciles d'Ephèse et de Chalcédoine pa-

(1) Saint Jérôme, ép. 84, *Ad occan. seu epit. Fabiolæ.*
(2) L. 8, Cod. Justin., tit. *de repud.*

rurent laisser le divorce dans le domaine de la loi civile, et ils n'eurent garde de s'élever contre les lois impériales.

Justinien multiplia les causes de divorce : la stérilité, l'impuissance, et même les infirmités permirent la rupture du mariage.

Le mari pouvait rompre pour des causes assez futiles : si, par exemple, sa femme allait manger avec d'autres hommes ou allait au spectacle à son insu (1).

Le mari pouvait divorcer aussi lorsque sa femme allait se baigner dans un bain commun avec des hommes, ou lorsqu'elle s'était fait avorter.

Pour la femme, il fallait des motifs graves. Elle pouvait divorcer si son mari avait attenté à ses jours, s'il avait voulu la prostituer, ou s'il l'avait faussement accusée d'adultère. La même loi permettait bien encore à la femme de demander le divorce si elle pouvait prouver que son mari avait la mauvaise habitude de la fouetter. Mais une loi postérieure (Nov. 17, ch. 14), décida que ce motif n'était pas suffisant. A raison des coups de fouet, octroyés avec trop de libéralité, le mari devait payer à sa victime une somme égale au tiers des avan-

(1) Nov 22, ch. XV et Nov. 117, ch. VIII.

tages matrimoniaux : il devait prélever cette indemnité sur sa fortune personnelle.

A cette époque, le divorce par consentement mutuel était devenu très-fréquent : on en abusait. — Justinien ne permit ce genre de rupture que lorsque les époux s'engageaient à vivre dans la continence. Il finit même par supprimer tout à fait le divorce par consentement mutuel. Toutefois, il le toléra encore lorsque l'un des conjoints avait la vocation du sacerdoce et voulait embrasser la vie religieuse.

§ 3.

Peu à peu, grâce à l'influence de l'Église, on se rapproche de l'idéal ; à mesure que s'avance la civilisation, sous les auspices du christianisme, on envisage le mariage sous un autre aspect : on se forme une idée plus haute du caractère et de la mission des époux. L'idée d'achat ou de vente est religieusement éloignée. Le consentement des fiancés devient la seule base légitime de l'union conjugale. Le mariage, en Occident, perd enfin ce qu'il avait de grossier et de despotique ; il devient l'alliance de deux personnes libres, égales en droit, qui associent affectueusement leurs destinées.

Les noces sont en même temps soumises à de plus imposantes solennités, qui sont en rapport avec la gravité d'un tel contrat. Les chrétiens, avant de se marier, prennent la coutume de solliciter l'autorisation de l'évêque. De là à la bénédiction nuptiale il n'y a qu'un pas ; il est vite franchi.

Lorsqu'on étudie l'histoire de cette transformation sociale qui suivit, en Europe, l'écroulement du monde païen, on constate que la propagation du christianisme fut moins rapide chez les Romains que chez les Barbares, après leur conversion. Le paganisme avait laissé des traces bien plus profondes chez les petits-fils de Romulus. Les Francs et les Germains acceptèrent facilement le principe du nouveau mariage. Mais, au début, la bénédiction nuptiale était considérée simplement comme une pieuse formalité ; les époux continuaient de suivre les us et coutumes de leur pays pour la célébration du mariage. Bientôt ils acceptèrent tous les dogmes de l'Eglise nouvelle.

Quant à la répudiation et au divorce, on les considérait avec plus de défaveur, mais on ne songeait pas encore à déclarer le mariage indissoluble. Ainsi, au VIIIe siècle, le concile de Verberie avait admis que si quelqu'un couchait avec sa belle-mère (*si quis cum novercà suà dormierit*) le mariage entre eux était impossible, à la vérité, mais que l'époux outragé pouvait, s'il le voulait, faire rompre le mariage et prendre une autre femme, lorsqu'il ne pouvait supporter la continence.

Le concile de Compiègne avait décidé aussi que le conjoint d'une personne atteinte de la lèpre pouvait se remarier.

Au surplus, l'Eglise tolérait avec une grande mansuétude le divorce, lorsqu'il avait pour base des motifs religieux.

Au XIIIe siècle, le mariage célébré et « non consommé » pouvait être dissous ; mais alors les époux devaient se retirer dans un monastère. Le divorce, dans de telles conditions, n'était plus un moyen de recouvrer sa liberté.

Il semble que les premières controverses des Pères de l'Eglise, à l'endroit du divorce, aient eu de l'écho pendant plus de dix siècles ; cependant, nous venons de le voir, la doctrine du divorce, admise par Saint Ambroise, allait sans cesse s'affaiblissant dans le monde catholique ; c'était, en définitive, l'opinion de Saint Augustin qui devait prévaloir.

La doctrine ecclésiastique ne fut bien établie qu'au seizième siècle, après le concile de Trente (1563). Et même, il est bon de le dire, ce concile fameux ne fut pas aussi absolu qu'on le croit communément, au sujet du divorce; cette orthodoxe assemblée admit la dissolution du mariage quand l'un des époux voulait renoncer au monde. Une femme pouvait encore divorcer avec son mari terrestre, mais seulement pour devenir l'épouse mystique de Jésus Christ.

Pour diminuer le nombre des unions clandestines et faciliter la production d'une preuve du contrat, le concile de Trente ordonna, sous peine de nullité, la célébration du mariage par un curé, en présence de témoins. Le mariage était plus qu'un contrat, c'était un sacrement. Et c'est ce « sacrement » que l'Eglise catholique considéra et considère encore comme absolument indissoluble.

Toutefois, pendant que l'Eglise interdisait la répudiation et le divorce, pour quelque cause que ce fût, elle admettait nombre de cas qui pouvaient ou devaient entraîner la *nullité* du mariage.

D'après le droit canonique, l'erreur sur la personne physique ou même sur certaines qualités morales de la personne, l'impuissance, même « par sortilége », la crainte respectueuse, la différence de religion, les vœux ecclésiastiques, pouvaient motiver la nullité du mariage. Il y avait encore bien d'autres causes de nullité: ainsi, la promesse d'épouser quelqu'un, faite pendant un précédent mariage, rendait le second mariage nul, s'il se réalisait après le premier. On estimait que l'individu marié, qui engageait de la sorte sa parole, avant la mort de son conjoint, commettait une sorte d'adultère mental, qui viciait d'avance le mariage projeté. Le droit canonique admettait aussi qu'il y avait « alliance spirituelle », à la suite du baptême, entre la personne baptisée, le parrain et ses proches parents. Lorsqu'un mariage était consommé au mépris de cette alliance sacramentelle, il pouvait être annulé. Il y avait encore un empêchement « d'honnêteté publique » quand, après les fiançailles, le mariage n'avait pas été consommé; les parents du jeune homme ne pouvaient se marier avec son ex-fiancée ; si le mariage était conclu, il était annulé par les tribunaux ecclésiastiques. Voilà bien des causes de nullité. Nous en passons.

D'autre part, l'Église sanctionna un assez grand nombre de répudiations, surtout quand il s'agissait de têtes couronnées.

Dans les pays où le concile de Trente n'a pas été reconnu et où la Réforme a fait naitre le culte protestant, le mariage était contracté par le seul échange des consentements ; et le divorce était admis, non seulement pour cause d'adultère, mais pour d'autres motifs.

De même, lorsqu'arriva la scission entre les Églises d'Orient et d'Occident, l'Église grecque autorisa le divorce. Elle l'admet encore aujourd'hui.

Quant à la religion israélite, elle a toujours permis le divorce, comme au temps de Moïse.

Tel est, esquissé à grands traits, l'historique du divorce pendant l'Antiquité et le Moyen-Age.

Après cet exposé général, occupons-nous plus particulièrement de ce qui s'est passé dans notre pays.

TITRE II

Ancien droit français

CHAPITRE PREMIER.

Le mariage et le divorce sous les anciens rois. — Influence du concile de Trente sur les coutumes et les lois. — Suppression du divorce. — La séparation de corps et d'habitation. — Intolérance religieuse.

§ 1er.

Chez les Francs, — nos ancêtres, — le mariage avait, à l'origine, le caractère d'une vente; il y avait au moins un simulacre d'achat. Ainsi, lorsque Clovis voulut se marier avec Clotilde, il envoya des émissaires qui lui offrirent un sou et un denier, selon la coutume des Francs (*ut mos erat Francorum*). Plus tard, le Droit coutumier conserva quelque chose de cet usage. D'après la coutume de Paris, le mari, le jour du mariage, donnait à la femme treize pièces d'or ou d'argent. De là venait aussi l'habitude de faire payer, par celui qui épousait une veuve, trois sous et un denier au plus proche parent du premier mari, jusqu'au sixième degré, et, lorsqu'il n'y avait point de proches parents, au Roi ou au Seigneur féodal (1).

Avant le concile de Trente, la bénédiction nuptiale était en usage dans les provinces françaises, mais elle n'était pas considérée comme une condition essentielle de la validité du mariage. Cette cérémonie, gratuite ou non, n'était pas obligatoire.

Quant à la répudiation et au divorce, ils étaient admis en France pendant les premiers siècles.

Le divorce par consentement mutuel avait lieu chez les Francs, suivant une ancienne coutume.

Parmi les rois de la première race, on cite plusieurs cas de répudiation ou de divorce. L'histoire rapporte que Bazine quitta le roi de Thuringe pour suivre Childéric, qui l'épousa.

Était-ce bien là un divorce? Voltaire, dans l'Encyclopédie, plaisante au sujet de l'exemple fourni par la reine Bazine. D'après lui, « c'est

(1) Chéruel, *Dict. hist. des institutions, mœurs et coutumes de la France.*

comme si l'on disait que, les Troyens ayant établi le divorce à Sparte, Hélène répudia Ménélas, suivant la loi, pour s'en aller avec Pâris en Phrygie. »

On cite encore Chilpéric, roi de Soissons, qui renvoya sa femme Andoverre, et Caribert qui répudia Ingoberge pour épouser Mirefleur, fille d'un artisan, et ensuite Teudegilde, fille d'un berger.

Mais plus tard, — à l'époque où les rois n'épousaient plus des bergères,—le divorce fut réglementé d'une façon positive. Les capitulaires de Charlemagne prouvent que le divorce fut usité en France avant le règne de Louis le Débonnaire.

Charlemagne lui-même, le pieux Charlemagne capitula devant la séduction du divorce; il eut successivement trois femmes, qui vivaient en même temps, — ce qui n'empêcha pas la Cour de Rome de le « canoniser »,

Au XIe et au XIIe siècles, les divorces étaient fréquents ; les grands seigneurs renvoyaient, sans vergogne, leurs femmes, même pour des questions d'intérêt. C'était un scandale au milieu de bien d'autres.

Il est bon de rappeler et de retenir ces faits.

§ 2.

La bénédiction nuptiale, purement facultative pendant de longues années, ne devint, en France, une condition essentielle du mariage que depuis l'ordonnance de Blois, de 1579, évidemment inspirée par les décisions du concile de Trente.

Le curé de la paroisse où habitait l'un des fiancés devait célébrer le mariage devant quatre témoins et dresser un écrit analogue à ce que nous appelons aujourd'hui un « acte de l'état civil ». Cet acte était fait en double sur les registres de la paroisse. La tenue de ces registres fut réglée par des ordonnances royales. — Il est à remarquer que le clergé n'était, en ce cas, que le délégué du pouvoir civil ; un tel mandat était donc essentiellement révocable.

C'étaient les prêtres catholiques seuls qui tenaient les registres de mariage. Depuis la révocation de l'édit de Nantes, les protestants étaient obligés ou de ne point se marier légalement, ou bien de recourir au ministère des prêtres catholiques ; ils devaient abjurer ou se passer d'un état civil régulier. En face de ces anomalies, nous allions dire de ces monstruosités sociales, les philosophes et les juristes, qui ont préparé le grand mouvement de 1789, devaient réclamer avec énergie l'établissement du mariage civil, en même temps que la liberté des cultes.

Pendant les derniers siècles qui ont précédé la Révolution, le divorce n'était pas admis en France par la loi civile, pas plus que par la loi religieuse.

La séparation volontaire était défendue. La « séparation de corps et d'habitation » devait être régulièrement prononcée par un tribunal; les causes de séparation étaient laissées à l'appréciation des juges.

La séparation d'habitation avait de terribles conséquences pour la femme adultère. D'abord, elle perdait son droit au douaire et la reprise de sa dot; puis, elle était enfermée dans un couvent. Si, au bout de deux années, son mari n'était pas venu la retirer de sa cellule, on lui coupait les cheveux, et elle restait cloîtrée durant toute sa vie. Cependant, si, après le décès de son mari, la religieuse involontaire trouvait à se remarier, elle pouvait faire ouvrir les portes du cloître et recouvrer sa liberté.

Les protestants français n'avaient pas le droit de divorcer. Voici, à ce sujet, ce que disaient les jurisconsultes du siècle dernier :

« L'Edit du mois d'octobre 1685 a permis aux

protestants de vivre en France, mais il leur a interdit tout exercice de leur culte; il ne leur a laissé d'autres lois sur le mariage que les nôtres; ils ne peuvent donc pas s'autoriser de leurs dogmes, ni invoquer les usages pratiqués dans les Etats voisins par les compagnons de leurs erreurs, pour réclamer la liberté du divorce (1). »

Quant aux Juifs de France, qui n'étaient même pas Français, leur situation était assez singulière.

Henri II les avait accueillis avec quelque bienveillance et leur avait accordé des « lettres patentes », qui leur permirent « d'entrer dans le royaume, d'en sortir, d'aller et venir sans aucun trouble, ni empêchement. » Cet exemple a été suivi par les successeurs de Henri II, et, de règne en règne, ces lettres patentes ont été renouvelées.

Les Juifs avaient l'avantage de « pouvoir vivre selon leurs usages, » et il était fait défense « de les y troubler, tant en jugement que dehors. »

Les Juifs se mariaient donc judaïquement, et ils avaient la faculté de divorcer selon les règles de leur religion.

(1) Guyot, *Répertoire de jurisprudence*, Paris, 1784, tome V, p. 743.

Chose bizarre, les tribunaux français pouvaient prononcer le divorce de ces israélites, qui n'étaient pas considérés comme des nationaux. Voici, à ce propos, ce qu'écrivait, en 1784, le jurisconsulte Guyot : « Au moment où les magistrats montent sur leur tribunal pour examiner ces discussions *étrangères*, le code de la Nation se ferme, et celui de Moïse vient se présenter à eux pour servir d'appui et de fondement à leur arrêt. Ce ne sont plus des Français qu'ils jugent, ce sont des Juifs. »

Mais la Révolution approchait, et les lois de l'ancien régime allaient presque toutes disparaître, pour faire place à de nouveaux principes.

CHAPITRE II.

La Révolution. — Loi de 1792. — Le rétablissement du divorce. — Abus et désordres. — Le divorce sous le Directoire. — Le conseil des Cinq-Cents.

§ 1er.

La Révolution française apporta des changements radicaux dans la législation relative au mariage.

D'abord, la liberté des cultes fut proclamée; puis la Constitution du 3 septembre 1791 déclara que : « La loi ne considère le mariage que comme contrat civil. »

Les registres des naissances, des mariages et des décès devaient être désormais tenus par des fonctionnaires laïques. — Remarquez que ce n'était point là une spoliation à l'encontre du clergé. Depuis l'ordonnance de Blois, les curés, en cette occurrence, n'avaient été que les délégués du Roi; le mandat qu'ils avaient reçu du pouvoir civil pouvait donc être révoqué par ce même pouvoir, au nom de l'autorité publique.

Aussi bien, c'était un acte de justice: tous les Français avaient dès lors le droit, sans distinction de cultes ou de croyances, de faire constater leur *état civil* par un agent de l'État, au nom de la Société dont ils étaient membres. Et chacun restait libre de faire ou non bénir son mariage devant Dieu, et de faire baptiser ses enfants, selon les vœux de sa conscience et selon les rites de sa religion.

Quoi de plus raisonnable? Quoi de plus conciliant? Quoi de plus équitable?

Mais, en ce qui concerne le divorce, la Révolution, par un mouvement de réaction violente contre « l'ancien régime, » alla, selon nous, beaucoup trop loin (1).

L'ancien Droit français n'admettait que la « séparation de corps et d'habitation »; la loi du 20 septembre 1792 abolit radicalement la séparation de corps et lui substitua le divorce.

Quelques Lycurgues du temps voulaient même admettre la répudiation. Pendant la discussion de la loi, le 13 septembre 1792, nous voyons Sédillez proposer un « jury de répudiation », composé « de femmes, si c'est le mari

(1) Le mouvement en faveur du divorce ne se produisit qu'en 1792. — En 1789, un seul « cahier » réclamait le divorce, et c'était celui que présenta le duc d'Orléans.

qui provoque, et d'hommes, si c'est la femme qui veut répudier. »

Pour admettre le divorce, les législateurs de l'époque révolutionnaire ne se plaçaient pas au point de vue des législateurs antiques. Loin de là.

Jadis, la femme était asservie. « L'esprit de propriété » dominait dans le mariage; il y avait une sorte de vente. Le mari était le maître; il pouvait disposer de son épouse comme de son bien; il avait le droit de la renvoyer de sa maison comme une esclave gênante, ou tout au moins comme une serve ou une servante indigne. Telle était la règle ordinaire, aux premiers âges de l'humanité.

Les hommes de 1792, en proclamant le divorce, se basèrent sur un principe diamétralement opposé : ils invoquèrent la liberté.

On assimila le mariage à un contrat civil, ayant pour lien le seul consentement des époux et pouvant être librement résolu, comme toute convention, par la volonté des parties contractantes.

« Le comité — disait le citoyen Robin, — a cru devoir accorder ou conserver la plus grande latitude à la faculté du divorce, à cause de la nature du mariage, qui a pour base principale le consentement des époux, et parce que la *liberté individuelle* ne peut jamais être aliénée, d'une manière indissoluble, par aucune convention. »

Telle était alors l'idée dominante; elle était bien, on le voit, inspirée par « le souffle de la liberté ».

La loi de 1792 distingua et admit trois manières de divorcer :

1° Pour « causes déterminées » ; 2° par « consentement mutuel »; 3° par la volonté d'un seul des conjoints, alléguant « l'incompatibilité d'humeur ».

Les lois des 8 nivôse et 4 floréal an II rendirent le divorce plus facile encore.

De toutes parts se produisirent des abus incroyables. C'en était trop. La loi du 15 thermidor an III fit retour à la législation du 20 septembre 1792, qui était un peu moins relâchée.

Mais, en autorisant ainsi le divorce par consentement mutuel et pour incompatibilité d'humeur, au mépris des enfants et des liens du sang, on compromit gravement la famille. Des désordres sans nombre éclatèrent, surtout dans les grandes villes. C'était un dévergondage insensé.

Un magistrat français, qui vivait au XVIIIe

siècle, et qui avait eu des malheurs conjugaux, avait réclamé le divorce à cor et à cri. — Il avait, à cet effet, publié en 1769 un livre intitulé : *Cri d'un honnête homme* (1). — Cet honnête homme pensait que le divorce serait un jour rétabli en France ; et il prédisait que « dès que le rétablissement du divorce serait promulgué, on verrait, de toutes parts, tenter la voie de la réconciliation. »

Les prévisions de cet apôtre du divorce se sont singulièrement réalisées.

Pendant l'année qui a suivi le rétablissement du divorce, il y a eu en France 27,000 demandes en rupture de mariage !

A Paris seulement, pendant les vingt-sept mois qui suivirent la promulgation de la loi de 1792, les tribunaux eurent à prononcer cinq mille neuf cent quatre-vingt quatorze divorces!

§ 2.

En face de ce scandale, les restaurateurs du divorce reculèrent un peu devant leur œuvre. Sous le Directoire, on proposa encore de modifier la loi qui avait de si pernicieux effets.

---

(1) Cet ouvrage vient d'être réédité. — Paris, Marescq, 1879.

Voici ce que, le 24 brumaire an V, Reynaud disait au Conseil des Cinq-Cents en parlant de l'incompatibilité d'humeur :

« Il serait difficile de peindre tous les maux que cette cause de divorce occasionne ; il serait difficile d'imaginer combien elle favorise la légèreté et l'inconstance des époux, combien elle les excite au libertinage et à la débauche, combien enfin elle contribue à corrompre les mœurs. Eh ! dites-moi, qu'y a-t-il de plus immoral que de permettre à l'homme de changer de femme comme d'habit, et à la femme de changer de mari comme de chapeau ? N'est-ce pas porter atteinte à la dignité du mariage ? N'est-ce pas en faire le jouet du caprice et de la légèreté ? N'est-ce pas, en quelque sorte, l'anéantir et le changer en un concubinage successif ?

« On a pensé qu'en admettant pour cause de divorce la disparité d'humeur, on ferait cesser les dégoûts et les infidélités des époux ! Erreur funeste !.. On les a multipliés, au lieu de les prévenir, et les mœurs courent d'autant plus de dangers qu'il est plus facile de rompre les nœuds du mariage. »

« Représentants du peuple, s'écriait le citoyen Reynaud en terminant, je ne doute pas un instant que si vous consultiez, sur cet effet de cette cause des divorces, les officiers qui les prononcent, tous ne répondissent qu'ils sont extrêmement funestes et que les demandes en divorce, du chef d'incompatibilité, n'ont réellement d'autre motif que l'inconstance et les débordements de celui qui les provoque. Ainsi, *le divorce est le prix et la récompense du crime.* Concevez, s'il est possible, quelque chose de plus scandaleux et de plus immoral (1) !... »

Et ce n'était point un tribun isolé qui parlait de la sorte pour flétrir ces désordres ! Ecoutez ce que d'autres orateurs disaient, le 27 brumaire an V, au Conseil des Cinq-Cents. Villers d'abord s'exprimait ainsi :

« Rien n'est plus contraire à la morale et à l'intérêt de la société que les demandes en divorce fondées sur l'incompatibilité d'humeur ; il est du devoir du législateur de faire cesser promptement un *scandale vraiment alarmant pour les citoyens.* »

Et Philippe Deleville appuyait cette proposition en ces termes :

« Il faut faire cesser le *marché de chair humaine* que les abus du divorce ont introduit dans la société (2). »

Ce cri d'indignation s'élevait encore, à la séance du 11 frimaire an V. Philippe Deleville revenait à la charge :

(1) Naquet, *le Divorce*, appendice, p. 212.

(2) Naquet, *le Divorce*, appendice, p. 215.

« Eh bien! — s'écriait-il, — une partie de la législation actuelle de notre République naissante, au lieu de préparer les mœurs à la vertu, tend à les dégrader en corrompant jusqu'à leurs premières sources. Je parle des lois sur le divorce, dont quelques dispositions ont affirmativement organisé le concubinage et *ouvert la porte à tous les désordres avant-coureurs de la dissolution des sociétés.*

« Le mariage, ce lien sacré aux yeux de toutes les nations, n'est plus envisagé parmi nous que comme un engagement passager qui peut se rompre dès que le caprice ou des causes plus vicieuses encore prétexteront l'inconstance d'un des deux époux.

« Les plaintes et les cris de mille mères éplorées, de mille pères de famille, de milliers d'enfants, à la veille de devenir veufs ou orphelins, sollicitent votre justice et doivent *enfin* toucher votre sensibilité, arrêter ce débordement dévastateur, qui menace la République d'une ruine d'autant plus certaine qu'il en mine et dégrade jusqu'aux fondements ; car, *sans famille, point de société, point de République* (1) *!* »

Voilà ce que l'on disait en l'an V, sous le Di-

---

(1) Naquet, *le Divorce*, appendice, p. 217.

rectoire. Et pour que l'on fît entendre de pareilles plaintes, à une époque où l'on était fort peu rigoriste, au sujet des mœurs, il fallait que les abus du divorce fûssent bien révoltants ! En l'an VI (1798), le nombre des divorces dépassa, à Paris, le nombre des mariages. Ce fut un résultat exceptionnel. Mais, en somme, les désordres se renouvelaient, d'année en année, d'une façon inquiétante.

Lorsque l'on discuta, en l'an XI (1803), la nouvelle législation qui allait prendre place dans le Code civil, Carrion-Nisas disait au Tribunat :

« Je réfuterai aussi, en passant, une opinion qui reçoit beaucoup de poids du nom de ses auteurs (membres du tribunal de cassation) : elle consiste dans cette considération que le nombre des divorces ira infailliblement en diminuant, et qu'il ne faut pas juger le divorce habituel sur celui des premiers moments. Un fait répond à ce raisonnement : à Paris, dans l'an IX, le nombre des mariages a été de 4,000 environ ; celui des divorces de 700 ; en l'an X, celui des mariages d'environ 3,000 seulement, celui des divorces de 900 ; proportion croissante et décroissante qui, des deux côtés, effraie, et qui prouve que le divorce, loin d'être un remède, est, comme je l'ai dit, *un mal de plus*, et qu'au lieu d'appeler les citoyens au mariage, comme on l'a prétendu, il les en dégoûte, il les en écarte (1). »

Il est vraiment nécessaire de rappeler et de méditer ces faits; car, aujourd'hui, les plus chauds partisans du divorce affectent de nous dire que le divorce n'a point causé de désordres en France et n'a pas mis la famille en péril.

Ainsi, M. Naquet, dans un discours à la Chambre des députés, a prétendu que le divorce avait existé après 1792 en France « sans y produire *le moindre désordre* (2). »

Et, d'après l'honorable député, pendant que le divorce existait, « la famille était *plus respectée* en France qu'elle ne l'est à cette heure (3). »

Après les faits positifs que nous venons de rapporter, il nous semble que les deux assertions de M. Naquet sont quelque peu risquées.

---

(1) Locré, *Législation de la France*, V. p. 356.

(2) *Journal officiel* du 28 mai 1879, p. 4384, colonne 2.

(3) Naquet, *Le Divorce*, p. 59.

CHAPITRE III.

Le Code civil de 1803. — Discussions préliminaires. — Nouvelle loi sur le divorce et la séparation de corps. — La Restauration. — Loi de 1816 — Abolition du divorce.

§ 1er.

La Commission chargée de rédiger le projet originaire du Code civil, sous l'inspiration du premier Consul, posa les assises de notre droit national.

Les Portalis, les Treilhard, et tous les éminents jurisconsultes qui prirent part à cette œuvre immense, consacrèrent le principe du « mariage civil » qui s'applique également à tous les Français, enfants de la même patrie, et laisse à chacun le soin de pratiquer librement sa religion, dans toutes les circonstances de la vie. Le principe du divorce, qui avait été posé en 1792, fut maintenu dans le Code civil de 1803.

Il y avait, à ce moment-là, une sorte de courant favorable au divorce; les mœurs étaient très-dissolues au temps du Directoire ; on aimait cette « liberté dans le mariage » ; on la trouvait commode : il semblait difficile de s'en priver.

La Commission législative, qui s'occupa des travaux préparatoires du Code civil, n'échappa point à cette influence. On se ressent toujours de l'atmosphère où l'on respire. Les commissaires avaient, en général, un tel penchant pour le divorce, qu'ils avaient proposé de ne pas admettre en même temps la séparation de corps. Le divorce, et rien que le divorce, voilà ce qu'ils voulaient. On pensait que le divorce brisait les liens du mariage *civil* seulement, et que les adversaires du divorce, les catholiques en particulier, pouvaient, au point de vue religieux, considérer cette rupture comme une séparation de corps et étaient libres de ne point se remarier.

Mais, en dehors de la liberté des cultes, la Commission législative semblait oublier qu'au point de vue même de l'état civil et du droit privé, le divorce n'avait pas les mêmes effets légaux que la séparation de corps.

C'est avec juste raison que le Conseil d'Etat proposa d'établir la séparation de corps à côté du divorce.

La séparation de corps fut donc rétablie en France. Et, tout en maintenant le divorce, les rédacteurs du Code civil, frappés des abus causés par cette institution pendant les années précédentes, s'appliquèrent à restreindre les motifs de cette grave rupture.

Le divorce pour « incompatibilité d'humeur » fut aboli. Mais le divorce par « consentement mutuel », même lorsque les époux avaient des enfants, fut maintenu par le nouveau législateur ; on se borna à l'entourer de formalités plus sérieuses, pour tâcher de restreindre encore les abus. Le divorce fut admis aussi pour certaines « causes déterminées », et ces causes furent assez limitées.

Il est intéressant de suivre toutes les discussions qui ont eu lieu en 1803, au sujet du divorce (1). On voit, à chaque instant, des scrupules hanter la conscience des grands jurisconsultes qui, tout en voulant conserver le principe du divorce, s'efforçaient de prendre mille précautions pour atténuer les effets déplorables dont ils avaient été témoins, depuis 92. Portalis, Tronchet, Malleville, Cambacérés, et d'autres encore, sentaient tous les périls du divorce pour l'ordre social ; parfois, à les entendre, on croirait qu'au fond ils n'étaient point partisans de cette dangereuse institution. Ces éminents fondateurs de notre législation

(1) Locré, *Législation de la France*, tome V.

ont prononcé maintes paroles dont nous prendrons texte pour appuyer la thèse que nous allons soutenir dans le cours de cet essai sur le divorce.

D'autre part, lorsqu'on suit, dans Locré, tous les méandres de ces savantes délibérations, et lorsqu'on sait lire entre les lignes, il est curieux de voir Bonaparte, premier Consul, laisser percer ici et là les secrets desseins de sa politique. Depuis 1796, il était marié avec Joséphine, et la stérilité de son auguste épouse commençait à l'inquiéter (1).

Quoi qu'il en soit, la discussion du Code civil suivit son cours. Le projet de loi, après avoir été communiqué au Tribunat, fut voté par le Corps législatif à la majorité de 188 voix contre 31.

C'est le 10 germinal an XI (3 mars 1803) que fut promulguée la nouvelle loi sur le divorce.

Cet état de choses dura jusqu'à la fin du premier Empire.

(1) Napoléon, qui avait soutenu ardemment le divorce en 1803, l'avait interdit à tous les membres de la famille impériale ; il ne leur permettait que la séparation de corps (art. 7 des statuts du 30 mars 1806). — Mais lui, l'empereur, divorça avec Joséphine en 1809.

§ 2.

Après l'avènement de Louis XVIII, à la fin de 1815, M. de Bonald proposa à la Chambre des députés l'abolition du divorce.

La Chambre prit ce projet en considération. Les bureaux examinèrent la proposition de loi, et, au nom de la commission parlementaire, M. de Trinquelague fit un rapport favorable.

Le 2 mars 1816, à la majorité de 199 voix contre 21, la proposition de M. de Bonald fut adoptée.

La Chambre des pairs ratifia ensuite la loi votée par la Chambre des députés; et, après toutes les formalités d'usage, la sanction royale fut donnée le 8 mai.

C'en était fait. — Le divorce avait vécu en France, et la séparation de corps demeurait seule en vigueur.

Pourquoi le divorce a-t-il été aboli en 1816?

On pense et l'on dit généralement que le divorce n'a été supprimé, pendant la Restauration, que sous l'influence du sentiment catholique, « par la réaction légitime et cléricale (1). »

---

(1) Naquet, *Le Divorce*, p. 3.

Il est incontestable que le dogme de l'Eglise catholique a influé sur la décision de la Chambre des députés et de la Chambre des pairs.

« Si ce dogme, disait M. de Trinquelague, n'est pas reconnu par toutes les églises chrétiennes, il l'est incontestablement par l'Eglise catholique ; et la religion de cette Eglise est celle de l'Etat ; elle est celle de l'immense majorité des Français.

« La loi civile qui permet le divorce est donc en opposition avec la loi religieuse. »

Toutefois, on se tromperait fort en croyant que la doctrine catholique, au sujet du mariage, a été « le seul argument » qui ait motivé en France l'abolition du divorce.

Les différents orateurs qui ont pris la parole, au cours de cette discussion solennelle, ont tous envisagé l'intérêt de la famille et de l'Etat.

Le rapporteur que nous venons de citer, M. de Trinquelague, disait notamment à la Chambre des députés :

« La religion ne s'opposât-elle pas au divorce, l'intérêt de l'Etat le repousserait encore. L'Etat se forme de la réunion des familles. Tout ce qui nuit à la famille, tout ce qui en altère l'union, en détériore les sentiments et en provoque la dissolution, nuit donc essentiellement à l'Etat.

« C'est dans la famille, c'est dans l'exercice des vertus domestiques que les vertus publiques prennent naissance. La pratique d'un devoir dispose l'âme à en remplir un autre. Un bon fils, un bon mari, un bon père, sont rarement de mauvais citoyens. Si vous voulez donner à la société des hommes capables de l'honorer, si vous voulez donner à l'Etat des sujets fidèles et dévoués, protégez donc la famille; c'est là seulement qu'ils peuvent se former.....

« C'est le mariage qui crée la famille. Sans lui les enfants n'ont point de père, la femme point d'appui, l'agrégation des fruits de ces unions passagères point de chef, et par conséquent point de durée.

« L'intérêt de l'Etat veut donc que le mariage soit honoré; que les liens qu'il forme soient maintenus et respectés (1). »

M. de Lamoignon disait, d'autre part, à la Chambre des pairs :

« C'est l'indissolubilité du mariage qui assure l'état et l'éducation des enfants ; c'est elle qui attache les parents à leur famille et les citoyens à leur patrie ; c'est elle enfin qui donne des mœurs à la société, et l'humanité lui doit ses plus doux sentiments. »

Et plus loin :

(1) Locré, V, p. 455.

« Il est donc certain que le divorce est contraire à l'affection conjugale ; il est certain qu'il provoque l'inconstance; qu'il est souvent une source d'injustice, et qu'enfin il est contraire au bonheur des époux, au bonheur des enfants, aux bonnes mœurs, et par conséquent, à la population (1). »

M. Naquet prétend aussi que l'on s'est bien gardé de parler, en 1816, des mauvais résultats du divorce, parce que, — selon l'honorable député, — le divorce, pendant vingt-trois ans et sept mois, n'a pas produit en France « le moindre désordre (2). »

Nous avons, dans le précédent chapitre, montré, l'histoire en main, quels ont été les scandaleux désordres produits par le divorce, depuis 1792 jusqu'à l'Empire, et nous avons cité les plaintes édifiantes de plusieurs orateurs devant le Conseil des Cinq-Cents.

Sous l'Empire, nous n'en disconvenons pas, le divorce causa moins de ravages que pendant la période antérieure. Mais, d'une part le Code de 1803 avait réglementé le divorce avec plus de rigueur; d'autre part, il faut bien tenir

---

(1) Locré, V, p. 479-480.
(2) *Journal officiel* du 28 mai 1879, p. 4384.

compte d'un fait historique : sous l'Empire, tous les hommes valides étaient sous les armes : ils parcouraient le monde, à l'ombre du drapeau tricolore. Pendant ces guerres incessantes, les mariages étaient devenus beaucoup plus rares ; et les citoyens qui étaient restés dans leurs foyers, avaient, pour la plupart, l'esprit et le cœur absorbés par des préoccupations militaires et par des sentiments patriotiques.

Voilà surtout, — qu'on ne l'oublie pas, — pourquoi le divorce a été moins funeste sous le premier Empire que pendant les douze années précédentes.

Au surplus, c'est encore une erreur de croire qu'en 1816, on n'a point parlé des pernicieuses conséquences du divorce.

Voici, — par exemple — ce que disait M. de Bonald à la Chambre des députés :

« Les hommes qui avaient introduit le divorce dans nos lois, l'ont toujours défendu comme le sceau et le caractère spécial de la Révolution, et il est resté dans notre législation jusqu'à nos jours, *monument de honte et de licence*, qui attestera aux siècles futurs quelle a été, à cette époque, *la faiblesse des mœurs et le dérèglement des esprits.* »

Et en forme de conclusion :

« Hâtons-nous donc, Messieurs, de faire disparaître de notre législation cette loi faible et fausse qui la déshonore; cette loi, fille aînée de la philosophie, qui a bouleversé le monde et perdu la France, et que sa mère, *honteuse de ses déportements*, n'essaie plus même de défendre (1). »

Le 19 février 1816, M. de Trinquelague disait aussi à la Chambre des députés :

« Ah ! déjà assez de dangers menacent *ce qui nous reste de bonnes mœurs ;* épargnons-leur au moins l'attaque de nos lois. Si, *quand les mœurs sont faibles et dépravées*, la législation se prête à leur faiblesse et flatte *leur corruption*, qui pourra assigner le terme de leur décadence (2) ? »

Voici maintenant des faits plus précis, qui montreront qu'en 1816 on se plaignait encore des effets délétères du divorce sur les mœurs publiques.

A propos des résultats juridiques du divorce, plusieurs membres de la Chambre des pairs avaient proposé la « réunion facultative » des époux déjà divorcés, lesquels, d'après l'art. 295 du Code civil, n'avaient plus le droit de se « réunir ». Or, à la séance du 24 décembre 1816, voici ce que disait un orateur à la Chambre haute :

(1) Locré, V, p. 431 et 440.
(2) Locré, V, p. 462.

« On parlait (lors de l'établissement du divorce) d'alléger les nœuds de l'hymen pour les rendre plus supportables et de donner pour encouragement au mariage la possibilité de le rompre. On a pu apprécier, par la pratique, les résultats de cette théorie. — Nous voyons dans les journaux que, sur vingt-deux mille six cent douze enfants, nés à Paris en 1815, *huit mille neuf cent soixante douze sont nés hors mariage.* Telle a été sur les mœurs publiques l'heureuse influence des nouvelles doctrines (1)! »

L'orateur ajoutait qu'une indulgence nécessaire devait couvrir « les torts du passé » et qu'il fallait surtout se préoccuper de l'avenir.

C'est donc beaucoup à raison des désordres antérieurs, et à cause de l'intérêt public, que le divorce a été aboli sous Louis XVIII.

Et nous devons dire que, selon toute apparence, cette abolition était alors dans les vœux du pays. Les députés semblaient bien être l'écho de l'opinion.

Lorsque, dix ans plus tard, en 1826, le Gouvernement royal proposa le rétablissement du droit d'aînesse et des substitutions testamentaires, une vive émotion se manifesta dans la France entière. Ce fut un tollé général.

Au contraire, en 1816, aucune réclamation

(1) *Moniteur* du 30 décembre 1816.

ne s'éleva en faveur du divorce; aucune pétition n'en demanda le maintien. Silence complet. Indifférence absolue.

M. de Bonald a eu tort, selon nous, d'appeler la loi du divorce « fille aînée de la philosophie », car le divorce est bien antérieur à la « philosophie » des derniers siècles : il a existé depuis Moïse, en maints pays, pour des causes diverses, que nous avons résumées au commencement de cette étude.

Mais M. de Bonald semble avoir eu raison de dire que les « philosophes » en 1816 « n'essayaient même plus de défendre » l'institution du divorce. Quelles voix se sont élevées publiquement en sa faveur ? C'est à peine si, à la Chambre des députés, M. Fournier de Saint-Lary a essayé de présenter un timide amendement à la loi proposée par M. de Bonald.

La loi du 8 mai 1816, qui a complétement aboli le divorce et maintenu seulement la séparation de corps, est encore en vigueur en France.

Pour compléter l'historique du Divorce, nous devons dire que cette institution existe, actuellement, dans plusieurs pays d'Europe ou d'Amérique.

Comme M. Naquet ainsi que tous ses partisans s'accordent à dire que la France est bien arriérée à cet égard, il n'est pas inutile, en abordant l'examen des lois et des réformes contemporaines, de jeter, au préalable, un coup d'œil sur les législations étrangères.

TITRE III.

Lois contemporaines.

CHAPITRE PREMIER.

Législations étrangères.

Notre intention n'est pas d'entrer ici dans tous les détails des lois étrangères qui sont relatives au mariage, au divorce et à la séparation. Ce serait dépasser notre cadre. Nous n'avons pas à présenter dans ce volume un cours de « législation comparée ». Ce cours, du reste, a été brillamment fait par un savant professeur de la Faculté de Droit de Paris, M. Glasson, qui vient de publier un livre fort remarquable : *Le Mariage et le Divorce dans les principaux pays de l'Europe.*

Ceux qui voudront examiner le divorce, au point de vue international, et étudier les mœurs de nos voisins, consulteront avec fruit l'ouvrage que nous signalons.

Nous nous bornerons à résumer, très-succinctement, les règles admises dans d'autres pays, de façon à éclairer davantage la discussion des réformes proposées.

Laissant de côté ce qui se passe en Asie, en Afrique et en Océanie, nous ne nous occuperons que des nations les plus policées.

Cependant, pour ne point blesser l'amour-propre des Chinois, qui se considèrent comme fort civilisés, nous dirons ce qui se passe en Chine, lorsque les époux ont des motifs de désaccord.

La répudiation est admise dans sept cas spéciaux : 1° si la femme n'obéit pas au père ou à la mère du mari ; 2° si elle est stérile ; 3° si elle a une conduite légère ; 4° si elle a une maladie incurable ; 5° si elle est jalouse ; 6° si elle est voleuse ; 7° si elle parle trop.

Le divorce est aussi en usage dans le Céleste Empire. Mais les règles tracées par l'illustre Confucius ne permettent point la polygamie.

Aux Etats-Unis, le divorce est admis partout, en principe ; — seulement la législation de chaque État réglemente de diverse façon l'admission et la procédure du divorce. Les causes du divorce varient à l'infini, et ce n'est pas toujours le même pouvoir qui prononce la dissolution du mariage. Ainsi, dans la Caroline du Sud ou dans la Virginie, le divorce est prononcé par le pouvoir législatif. Dans la Caroline du Nord, l'Arkansas, la Floride, l'État de New-York, etc..., ce sont des Cours de justice qui prononcent le divorce.

Voici maintenant l'état des diverses législations européennes. — Nous allons commencer par les pays où l'on obtient avec le plus de facilité la rupture du lien conjugal, pour arriver graduellement aux nations où le mariage est complètement indissoluble.

En Turquie, les lois autorisent le divorce par consentement mutuel et même la *répudiation.* Cela n'est pas surprenant chez un peuple où la femme est encore asservie et où subsiste la polygamie; c'est l'éternelle logique des choses humaines.

En Belgique, on admet le divorce d'une manière absolue, soit par consentement mutuel, soit pour causes déterminées. On admet aussi la séparation de corps. C'est, en somme, le régime adopté par le Code civil français de 1803.

En Hollande, — le divorce pour causes déterminées, et la séparation de corps pour causes déterminées ou par consentement mutuel (Code de 1838).

En Angleterre, — le divorce et la séparation de corps, mais seulement pour causes déterminées (acte de 1857). Les nullités ou dissolutions de mariage ne sont plus du ressort de la juridiction ecclésiastique ; la connaissance de ces procès est attribuée à une nouvelle Cour appelée *Court for divorce and matrimonial causes*.

En d'autres pays, la loi civile tient compte de la religion des époux :

Dans la Pologne russe, on admet le divorce et la séparation pour causes déterminées, mais conformément à la religion des conjoints (Loi du 24 juin 1836).

En Autriche, la séparation de corps pour causes déterminées ou par consentement mutuel existe seule pour les catholiques ; pour les autres, juifs ou protestants, le divorce est permis, conformément à la loi religieuse, ou même par la volonté d'un seul des époux, pour incompatibilité d'humeur (Code civil de 1811).

Certains peuples n'admettent que le divorce seulement :

Ainsi, en Prusse, en Norwège, en Danemark, en Roumanie, le divorce existe seul, soit par consentement mutuel, soit pour causes déterminées.

En Suisse, en Bavière, en Hanôvre, en Saxe, en Wurtemberg, en Suède, le divorce existe seul, pour causes déterminées. Dans la plupart de ces pays la loi n'est pas très-rigoureuse, et le divorce est assez fréquent.

En Russie, en Serbie, en Montenegro (race slave), le divorce existe seul pour causes déterminées. En Russie, la religion orthodoxe, patronnee par l'État, n'admet le divorce qu'en cas d'adultère, ou dans des cas exceptionnels, alors que cette rupture répond à une nécessité sociale ou politique, bien démontrée. Les demandes en nullité de mariage et en divorce sont jugées par des tribunaux ecclésiastiques, les Consistoires, lorsqu'il s'agit d'époux appartenant à l'église nationale. — Ce sont les tribunaux civils qui s'occupent des causes intéressant les mariages des dissidents. — Le divorce est assez rare. Mais les séparations amiables sont fréquentes, et voici pourquoi :

« Les Consistoires exigent, dans les cas d'adultère, des preuves indubitables et notamment la déposition de plusieurs personnes dignes de foi, témoins du flagrant délit.

« Il en résulte que les parties intéressées ont, d'ordinaire, recours à de faux témoins, payés très-cher, se contredisant le plus souvent, et plus nuisibles qu'utiles au gain de la cause. Il s'ensuit que les séparations *ipso facto* sont très-nombreuses, les époux mal assortis pouvant obtenir assez facilement, après une enquête sur leur conduite et leurs opinions politiques, un permis de séparation qui est délivré par la troisième section (police secrète). Pour faire cesser cet état de choses, le Gouvernement a l'intention de déférer toutes les affaires de divorce aux tribunaux criminels et même aux assises, en laissant au jury toute liberté de rendre son verdict, sans avoir à se conformer aux dépositions des témoins du flagrant délit (1). »

Enfin, dans les principaux pays de race latine, le divorce n'est pas admis par la loi.

En Italie, la séparation de corps est seule permise pour causes déterminées, ou par consentement mutuel (Code de 1866).

En Espagne et en Portugal, comme en France, la séparation de corps existe seule, et uniquement pour causes déterminées.

Nous verrons plus loin, grâce à la statistique internationale, quelles sont les conséquences sociales de ces legislations hétérogènes.

Occupons-nous d'abord de la loi française.

---

(1) Journal « *Le Globe* », nº du 6 août 1879.

CHAPITRE II.

La loi française. — Le mariage civil. — La séparation de corps.

§ 1er.

Depuis la loi du 8 mai 1816, qui a aboli le divorce, notre code n'a pas subi de modifications bien importantes à l'endroit du mariage et de la séparation.

Le Droit français ne reconnaît que le mariage civil et laisse à chacun la faculté de faire bénir son hymen selon les rites de sa religion. Il nous semble qu'on ne peut élever une critique sérieuse contre ce principe fondamental de notre droit public. Dans un pays civilisé, qui doit admettre et qui admet la liberté des cultes, la loi, égale pour tous, ne considère, dans sa suprême impartialité, que des citoyens. Si nous sommes fort divisés en matière philosophique ou religieuse, nous avons au moins un lien commun : nous sommes tous enfants d'une même patrie, nous sommes tous Français. Et c'est précisément comme Français que nous sommes tributaires de la loi civile qui régit notre pays. Conservons précieusement le gage de notre unité nationale.

La société, dont nous sommes membres, est, au premier chef, intéressée à réglementer les mariages, qui ont des résultats *sociaux* de la plus haute importance, et à maintenir la stabilité des familles, qui assure l'ordre dans l'État.

Il est donc très-naturel et très-juste que la Société, personnifiée dans un magistrat qui est son délégué, prenne acte des engagements des époux, constate leur mariage, et assure leur « état civil » ainsi que celui de leurs enfants. Ce n'est évidemment qu'après avoir pris elle-même ces sages précautions, que la loi peut garantir à la famille tous les effets civils d'un contrat légitime.

Aussi est-ce avec peine que l'on peut comprendre l'hostilité d'une certaine théocratie à l'encontre du mariage civil. On ne voit guère en quoi l'Église est intéressée à protester contre une loi d'*ordre public*, qui règle la situation *sociale* des citoyens et de leurs descendants, mais qui laisse noblement à chacun sa liberté de conscience, et à chaque religion sa souveraineté absolue sur le domaine des choses spirituelles.

On dit : « C'est de la nature et non de la loi que le mariage tire son être et sa substance; il vient de Dieu, auteur de l'ordre existant, pour la reproduction et la conservation de l'espèce humaine » (1). Or, l'Église représente Dieu sur la terre; l'Église seule doit donc présider au mariage.

On dit encore : « Le mariage, qui est un *sacrement*, est de la compétence exclusive de l'Église; elle seule peut l'administrer. Quand l'État se mêle de réglementer le contrat, comme le contrat est précisément la matière du sacrement, l'État empiète sur les attributions ecclésiastiques, tout comme s'il se mêlait de réglementer ce qui est relatif au baptême ou à l'eucharistie. »

On sent combien ces raisonnements sont spécieux et fragiles. Il est bien certain que ce n'est pas l'État qui doit créer le mariage! Mais aussi n'est-ce pas lui qui le crée; il se borne à le constater; et s'il réglemente un pareil contrat, c'est uniquement au point de vue social ou politique.

Au regard de l'Église catholique, le mariage est un « sacrement »; c'est incontestable. Mais l'État n'empêche personne de recevoir ce sacrement; pas plus qu'il n'empêche de donner le baptême aux enfants dont la naissance a été légalement constatée sur les registres de l'état

---

(1) Boyer, *Examen du pouvoir législatif de l'Eglise sur le mariage.*

civil ! L'État n'empiète donc sur aucun pouvoir; il reste, au contraire, dans le cercle de ses attributions, en s'occupant de « *l'état civil* »; et il laisse l'Église maîtresse dans son domaine, en lui permettant de donner tous les « *sacrements* » avec la plus complète indépendance.

L'Église est, en vérité, bien mal fondée à se plaindre en France; car, non seulement, chez nous, l'État la laisse libre, mais il la protège : il lui garantit l'exercice normal des cérémonies religieuses et, chaque année, il augmente le chiffre du budget des cultes. L'État ne demande en échange que le respect de ses droits. Est-ce trop exiger ?

Au résumé, lorsqu'on se récrie avec tant de vivacité contre le principe législatif posé en 1791 par la Constituante, c'est parce qu'on ne sait pas le lire, ou qu'on veut mal l'interprèter.

Ce principe est ainsi formulé : « La loi ne considère le mariage que comme contrat civil. »

Cela ne veut nullement dire : « La loi civile entend enlever au mariage tout caractère religieux et supprimer les sacrements de l'Église. »

Pour tout homme de bonne foi, cela signifie : Le mariage peut être « considéré » sous divers aspects, — au point de vue de la nature, — au point de vue de la religion, — au point de vue de la société. Eh bien, dans un pays qui reconnaît la liberté des cultes, la loi civile ne peut considérer le mariage que comme contrat civil. — Pourquoi? — Parce que l'État doit rester neutre entre les diverses croyances (1); parce que la loi civile n'envisage que des citoyens, des Français; parce que dans le mariage, c'est le contrat civil qui intéresse l'ordre social et qui rentre directement dans la compétence de l'État.

Voilà la vérité, et voilà en même temps la justice.

Mais, — dit-on encore, — en admettant que l'État ait le droit de considérer le mariage au point de vue de ses résultats civils et de faire enregistrer un contrat aussi important, la loi française devrait au moins permettre aux époux de « commencer par faire bénir leur union. » Or, l'art. 199 du code pénal défend, sous peine

---

(1) « En pareil cas, l'Etat doit s'abstenir de toute immixtion dans le domaine religieux et abandonner à la conscience individuelle la solution de problèmes d'un ordre si délicat et si élevé. Ce n'est pas à dire qu'il soit athée, ce serait prendre parti dans les querelles philosophiques. L'Etat, qui n'est qu'un être fictif, ne peut, à proprement parler, avoir d'opinion religieuse. La vraie formule est celle-ci : l'Etat se récuse dans les questions dogmatiques. Au lieu de s'offenser de cette abstention de l'Etat, comment ne voit-on pas à quel point elle est respectueuse pour les consciences? »

L. LEGRAND, *Le Mariage*, p. 186.

d'amende, au ministre du culte « de procéder aux cérémonies religieuses d'un mariage, sans qu'il lui ait été justifié d'un acte de mariage *préalablement* reçu par les officiers de l'état civil. » C'est là, — dit-on, — une sorte d'injure pour les consciences et d'outrage pour la religion.

Ceux qui parlent ainsi oublient que, dans un Etat bien policé et profondément égalitaire, comme le nôtre, il faut une règle uniforme pour tous les citoyens. Et puis, à un point de vue plus particulier, ils ne remarquent pas que si la loi permettait de commencer par le mariage religieux, des inconvénients fort graves pourraient se produire. Ainsi, des aigrefins auraient la faculté de se servir de la bénédiction nuptiale pour séduire et posséder les jeunes filles; puis, s'ils refusaient d'aller à la mairie, ils vivraient en concubinage aux yeux du Code; leurs enfants seraient illégitimes; et, — en l'absence de tout contrat civil, — la loi et la justice n'auraient aucun pouvoir sur ces escrocs du mariage. Les magistrats seraient désarmés.

Mais on ne réfléchit pas à cela. Pour certaines gens, il est de bon ton de décrier le mariage civil, — et on le décrie.

§ 2.

Il ne faut pas croire que le mariage civil soit attaqué seulement par les ultras de l'ultramontanisme : il y a des « radicaux » d'une autre robe qui, se plaçant à un point de vue tout différent, contestent à la puissance publique le droit d'intervenir dans la réglementation du mariage. Les uns parlent au nom de la religion ; les autres, au nom de la liberté. Les derniers vont bien plus loin : ils veulent supprimer le mariage. Pour eux, le maire est aussi inutile que le prêtre ; l'un et l'autre n'ont rien à voir en pareille matière ; le domaine de l'amour n'est point de leur ressort. Les amoureux, disent-ils, n'ont que faire des cérémonies officielles !

Toutes les personnes un peu versées dans la littérature contemporaine connaissent les idées vingt fois professées par George Sand, dans le cours de ses ouvrages. Voici comment s'exprime un de ses héros : « Je ne me suis pas réconcilié avec la société, et le mariage est toujours, selon moi, une des plus barbares institutions qu'elle ait ébauchées. Je ne doute pas qu'il soit *aboli*, si l'espèce humaine fait quelque progrès vers la justice et la raison ; un lien plus humain, et non moins sacré, remplacera celui-là, et saura assurer l'existence des enfants qui naîtront d'un homme et d'une femme, sans enchaîner à jamais la liberté de l'un et de l'autre. »

Cette tendance des ultrà-libéraux s'affirme dans beaucoup de romans subalternes; à cet égard, Mme Sand a fait école. Ces déclamations contre l'institution même du mariage, — en admettant qu'elles ne soient pas dictées par des raisons personnelles, — semblent être un écho des bruyantes aberrations de Fourier ou de Saint-Simon.

En dehors des vagues utopies de ces songe-creux, on bâtit aujourd'hui des théories plus positives. En laissant de côté les billevesées des socialistes de bas étage, nous trouvons la thèse soutenue par un éminent publiciste, M. Emile de Girardin. Ce système se traduit ainsi : « La liberté dans le mariage par l'égalité des enfants devant la mère. »

D'après M. de Girardin, la maternité seule donne une certitude. La paternité n'est qu'un « acte de confiance » et, conséquemment, de « libre volonté. » La loi ne peut nouer aucun lien entre l'époux et l'épouse, entre le père et l'enfant. Le problème social ne consiste pas à mettre les enfants naturels sur le même pied que les enfants légitimes, mais au contraire à abaisser les enfants légitimes au niveau des bâtards. Les uns et les autres auront une mère dont ils porteront le nom. Quant au père, il n'existera plus, ou il restera hors la loi, — ce qui lui permettra d'agir en toute liberté, selon son bon plaisir.

Donc, plus de mariage civil ! Le maire ici est superflu. A peine faudra-t-il un notaire ; car, les filles, avant de se livrer, agiront prudemment en se faisant constituer par leur amant un douaire inaliénable. « Le douaire est la prime qui correspond à la probabilité et au risque de la paternité. Le douaire n'est en réalité et ne doit être qu'une des nombreuses formes de l'assurance universelle. » Voilà, n'est-ce pas? de riantes perspectives.

M. Emile de Girardin est aujourd'hui député. Osera-t-il jamais monter à la tribune pour proposer la suppression du mariage ?

Un de ses honorables collègues, M. Naquet, — qui se contente aujourd'hui de réclamer le divorce — a montré qu'au fond il était, lui aussi, partisan de l'abolition du mariage civil.

Tels étaient du moins les principes par lui exposés, il y a quelque dix ans, dans un de ses ouvrages intitulé: *Religion, Propriété, Famille*. Là, M Naquet déclare, avec une admirable franchise, qu'il faut supprimer le mariage et la famille, qui violent la liberté individuelle et sont des entraves pour le progrès. Le mariage, d'après ce livre remarquable, est la source impure de tous les maux, de l'avortement, de l'infanticide et de la prostitution. Dans cet ouvrage, M. Naquet s'incline uniquement devant la maternité : la mère seule doit être, pour ainsi dire, un pivot social autour duquel se grouperont les enfants. La femme ne doit pas être assistée par les hommes de bonne volonté, *viri bonæ voluntatis;* cette assistance aléatoire est insuffisante, d'après M. Naquet. C'est l'Etat qui doit intervenir; c'est à lui de prodiguer ses tendresses et ses soins à la mère. -- Aujourd'hui, l'Etat assiste déjà les filles-mères et les enfants naturels, avec quelle affection, vous le savez. Cet admirable spectacle et cet exemple encourageant doivent être généralisés. La « fille-mère » est un idéal ! — Tout cela, il faut en convenir, est hardiment pensé.

Ainsi, en 1869, M. Alfred Naquet ne demandait rien moins que la suppression du mariage (1). En 1876, il réclamait l'abolition complète de la séparation de corps et le rétablissement du divorce, « même par la volonté d'un seul époux (2) ». En 1879, l'honorable député se borne à demander modestement « le rétablisse-

(1) *Religion, Propriété, Famille.*
(2) *Le Divorce*, p. 114.

ment de l'ancien titre VI du Code civil sur le divorce (1). »

Pourquoi reculer de la sorte? Nous ne savons. Peut-être M. Naquet, après avoir indiqué son idéal, veut-il faire de « l'opportunisme » et aller *piano* d'étape en étape? Quand le divorce par consentement mutuel et pour causes déterminées aura été rétabli dans notre code, peut-être l'énergique réformateur réclamera-t-il le divorce « par la volonté d'un seul époux », c'est-à-dire la répudiation? Puis, quand les Français se seront habitués à vivre comme des Turcs, peut-être viendra-t-il proposer, à la tribune, la suppression du mariage et de la famille? Tel est sans doute son dessein.

Nous préférerions croire que l'honorable député, se rendant mieux compte des nécessités sociales, a jeté aux oubliettes ses premières idées de réforme, qui sentent un peu le phalanstère. Cependant, il est à présumer qu'au fond M. Alfred Naquet ne veut point répudier ses ouvrages et divorcer avec les principes qu'il a si fermement soutenus dans *Religion, Propriété, Famille.*

Quoi qu'il en soit, — et quoi qu'en pensent les adversaires, religieux ou laïques, du mariage civil, — nous estimons que, sur ce point, la loi

(1) *Journal officiel*, 28 mai 1879, p. 4384.

française est une des plus sages de l'Europe : elle nous paraît conforme aux principes les plus sains de la liberté religieuse, de l'égalité civile et de l'ordre public.

La loi, après avoir admis comme règle le mariage civil, a fixé, comme c'était son devoir, les conditions de cette union. Nous ne nous arrêterons pas ici sur toutes les questions relatives à l'âge des futurs époux, au consentement des fiancés et de leurs parents, aux publications, et à la célébration du mariage. Nous dirons seulement, en passant, qu'il conviendrait peut-être d'augmenter la durée du « stage » imposé aux personnes qui sont en voie de contracter mariage. Le code ne prescrit que deux publications, à huit jours d'intervalle, et le mariage ne peut être célébré avant le troisième jour depuis et non compris celui de la seconde publication (art. 63 et 64). Il nous semble qu'à une époque où les « fiançailles » ont disparu, où les mariages se font, en général, beaucoup trop vite, il conviendrait de placer, entre la première et la deuxième publication, un plus long intervalle, — un mois par exemple, — et de faire la célébration du mariage, au plus tôt, quinze jours après la seconde publication

Le mariage, comme disait Bonaparte, « n'est point une partie de pêche. » Ce n'est pas un impromptu, un simple divertissement. Il faut de la réflexion, avant de prendre un engagement aussi grave : il faut avoir le temps de se connaître, de s'apprécier, de s'estimer, et de faire naître, sinon l'amour, au moins la sympathie indispensable à deux personnes qui doivent vivre constamment dans la plus étroite intimité. La légèreté et l'imprudence avec lesquelles on se marie en France, sont les causes premières de la désillusion, de l'incompatibilité d'humeur et de la discorde qui affligent plns tard nombre d'époux. Tenons-le pour certain.

§ 3.

Lorsque deux personnes, après un sot mariage, ou après les écarts d'une mauvaise conduite, ne peuvent plus vivre ensemble, la loi française ne leur permet, en aucun cas, de divorcer. Le mariage est aujourd'hui considéré comme absolument indissoluble. Depuis la loi de 1816, le code n'autorise plus que la séparation de corps, qui relâche le lien conjugal sans le briser.

La séparation ne peut avoir lieu, chez nous,

par consentement mutuel; elle ne peut être prononcée que pour des causes déterminées.

Ces causes sont : l'adultère, les excès, sévices et injures graves, la condamnation de l'un des époux à une peine infamante. Ces faits n'entraînent pas de plein droit la séparation de corps ; il faut d'abord qu'ils soient positivement invoqués par celui des époux qui en a été victime ; il faut ensuite qu'ils soient bien établis, aux yeux des magistrats. De là des enquêtes, des contre-enquêtes, et le reste.

En France, l'époux qui veut obtenir la séparation de corps est tenu de présenter au président du tribunal une requête contenant les faits sur lesquels il appuie sa demande.

Le président ordonne que les parties comparaîtront devant lui, tel jour. Le mari et la femme doivent venir en personne.

Le jour de la comparution, le magistrat fait aux deux époux les « représentations qu'il croit propres à opérer un rapprochement. » S'il ne peut les réconcilier, il les renvoie à se pourvoir devant le tribunal, et autorise, par ordonnance, la femme à se retirer provisoirement, soit chez ses parents, soit ailleurs, pendant la durée du procès (1).

Le pardon effectivement accordé par l'époux

---

(1) Art. 875 et suiv. du Code de procédure civile.

outragé efface, en quelque sorte, le passé; on ne peut plus se prévaloir des faits antérieurs.

La réciprocité des torts n'empêche pas la séparation de corps; loin de là. Elle prouve au contraire que la vie commune est devenue doublement intolérable. Aussi n'est-il pas rare de voir surgir, en cette matière, des demandes « reconventionnelles » devant les tribunaux. Le défendeur, auquel on impute des fautes, se plaint de son côté contre le demandeur, et souvent la séparation de corps est prononcée contre les deux parties, à raison de leurs griefs réciproques.

La loi française a consacré, entre l'homme et la femme, une inégalité qui mérite d'être signalée. L'adultère de la femme est toujours une cause de séparation de corps; l'adultère du mari n'en est une que s'il a « tenu sa concubine dans la maison commune. »

Par contre, au commencement du siècle, sous l'empire du Code civil, les maris séparés sentaient peser sur leur tête une étrange responsabilité. On sait que, pendant la durée du mariage et la cohabitation des époux, la loi présume, avec raison, que les enfants ont pour père le mari : *pater is est quem nuptiæ demonstrant*. Eh bien, même après la séparation de corps judiciairement prononcée, cette présomption légale conservait toute sa force contre le mari; à telles enseignes qu'il demeurait le père présomptif des enfants que créait une femme éloignée de lui par décision de la justice et vivant à cent lieues du domicile marital !

C'est seulement en 1850 que le législateur ajouta à l'article 313 du Code civil un paragraphe ainsi conçu :

« En cas de séparation de corps prononcée, ou même demandée, le mari pourra désavouer l'enfant qui sera né trois cents jours après l'ordonnance du président, rendue aux termes de l'art. 878 du code de procédure civile, et moins de cent quatre-vingts jours depuis le rejet définitif de la demande ou depuis la réconciliation. L'action en désaveu ne sera pas admise s'il y a eu réunion de fait entre les époux. »

La séparation de corps est toujours prononcée en France pour un temps indéfini, pour toute la vie, si les époux ne veulent pas se réunir. Toutefois, la réconciliation est constamment permise; les époux peuvent, quand il leur plaît, reprendre la vie commune.

La séparation de corps entraîne forcément, et dans tous les cas, la séparation de biens.

Mais, à part cette modification dans le règlement des intérêts pécuniaires, le lien du mariage existe toujours, et les devoirs des époux subsistent avec lui ; le mari et la femme se doivent encore fidélité, secours, assistance. Si l'un d'eux est dans la misère, l'autre lui doit des « aliments ».

Pendant le mariage, l'homme qui représente la force et qui doit « protection » à sa femme et à ses enfants, l'homme qui, en général, a l'expérience des affaires et des choses de la vie, l'homme qui est naturellement le chef de la famille, est, en compensation de ses devoirs, investi de deux droits nettement déterminés : la puissance maritale et la puissance paternelle.

Après la séparation de corps, l'homme conserve, en principe, autorité sur sa femme et ses enfants; il est encore le chef de la société domestique. Les enfants, il est vrai, peuvent dans certains cas être confiés à la mère ; mais le père conserve la puissance paternelle; il peut surveiller et diriger l'éducation de ses enfants.

Telles sont, en résumé, les dispositions fondamentales de la loi française sur le sujet qui nous occupe.

Tout est-il pour le mieux dans le meilleur des codes?

Y-a-t-il, au contraire, dans nos lois de nombreuses imperfections? Faut-il y apporter des réformes?

C'est ce que nous allons examiner.

Avant de rechercher s'il faut rétablir le divorce, voyons d'abord si l'on ne peut pas améliorer la loi sur la séparation de corps, dont nous venons d'indiquer et le sens et l'esprit.

CHAPITRE III.

Réforme de la séparation de corps. — Les causes de la séparation. — La séparation par consentement mutuel. — Les préliminaires de conciliation. — La séparation de biens. — Distinctions. — La séparation temporaire.

§ 1er.

Notre loi sur la séparation de corps est, à bon droit, sujette à critique, nous n'hésitons pas à le reconnaître. Mais, ce disant, nous ne voulons pas énoncer cette banalité qui consiste à faire remarquer la « situation fausse » dans laquelle se trouvent les époux séparés. Pas n'est besoin, vraiment, de le faire observer.

On peut écrire, à ce propos, de jolis romans, de plaisantes comédies ou des drames touchants; mais tout aussi bien l'on pourrait deviser sur le sort des époux divorcés. Croyez-vous, par exemple, qu'elle ne serait pas « fausse » la position d'une femme qui passerait au bras d'un autre homme sous les yeux de son premier mari, ou qui verrait son ancien époux, le père de ses enfants, s'installer près d'elle, sur le même palier, avec une autre femme? Croyez-vous encore qu'on ne puisse point aiguiser sa verve sur l'attitude d'un pacha en habit noir qui, au théâtre ou dans un salon, montrerait du doigt ses diverses épouses?...

Il est certain que la désunion des époux légitimes amène de singulières et pénibles situations; mais ces « situations fausses » tiennent à la force des choses et à la faute des époux eux-mêmes, bien plutôt qu'à telle ou telle forme de séparation judiciaire.

Ce que nous voulons dire et ce que nous disons, c'est que la loi française sur la séparation de corps présente, à nos yeux, maintes imperfections et doit être l'objet de sérieuses réformes.

Examinons d'abord les causes de la séparation de corps.

L'adultère est, sans conteste, le motif le plus grave que l'on puisse invoquer.

Or, le côde contient à ce sujet une anomalie qu'il est temps de faire disparaître.

Nous venons de voir, en effet, que l'adultère du mari n'est une cause de séparation, au profit de la femme, que dans le cas où ce mari a la cynique audace d'entretenir sa concubine dans la maison conjugale.

Ainsi, libre à un homme, à cheval sur la loi, de courir d'amourettes en amourettes, loin du lit nuptial. Madame n'a rien à dire, de par le code, si Monsieur est assez délicat pour loger ses maîtresses en ville !

La morale est plus rigoureuse ; elle n'oblige pas seulement le mari à être fidèle chez lui, mais partout ; elle n'autorise pas cet amour en partie double, qui permet à un homme de caresser ici une épouse et là une concubine.

Ah ! nous savons bien ce que l'on peut dire, et ce que l'on dit !

La bienveillance du législateur pour le sexe fort s'explique — nous assure-t-on — « jusqu'à un certain point. » Si le code a été aussi tolérant pour le mari, ce n'est pas, grand Dieu ! parce que ce sont des hommes égoïstes « qui ont fait les lois », comme se plaisent à le dire les femmes. Non. Le code défend avant tout le droit ; or, au point de vue du droit privé, l'inconduite de la femme a des conséquences beaucoup plus graves que l'infidélité du mari. Une femme adultère peut implanter dans la famille les rejetons d'un étranger et blesser mortellement le cœur de son mari.

Puis, au point de vue du sentiment, certains moralistes, — physiologistes du mariage, — nous affirment que l'adultère n'a pas le même caractère dans les deux cas : une épouse qui a un amant méprise son mari et le bafoue; au contraire, la femme trompée peut encore être aimée et respectée de son mari. Un homme, lorsqu'il n'outrage pas ouvertement son épouse, est parfois poussé à l'infidélité « par une sorte de délicatesse à l'endroit de sa femme, dont la santé exige certains ménagements »; il « réserve » au moins son cœur à sa compagne légitime. Sous Louis XIV, une haute et puissante dame disait : « Que m'importe que mon mari promène son cœur du matin au soir, pourvu que, le soir, il me le rapporte! » D'ailleurs, — ajoute-t-on, — quelle que soit la cause des escapades du mari, quelque blâmable que soit sa conduite, l'ordre de la famille n'est pas complétement troublé, et, dans tous les cas, la filiation des enfants légitimes conserve toute sa pureté.

Voilà ce que l'on dit, et, vraiment, à force de le répéter, on finit par accepter tout cela comme des axiômes de l'évangile social.

Eh bien! s'il peut y avoir quelque chose d'exact dans ces explications complaisantes, il est un côté de la vérité que l'on cache absolument.

Ici, — comme en économie politique, — il y a « ce qu'on voit » et « ce qu'on ne voit pas. »

Les conséquences de l'infidélité du mari ne sont pas les mêmes que celles de l'adultère de la femme ?... Pourquoi ? Parce que la femme adultère introduit des bâtards dans sa famille ? Soit, cela est vrai. — Voilà ce qu'on voit. — Mais l'homme infidèle, que fait-il donc, d'un autre côté ? Ou bien il va séduire une jeune fille et semer, dans une autre famille, des enfants naturels ; ou bien il va troubler un autre ménage et y introduire des enfants adultérins ; ou bien encore, il va se souiller dans la fange de la prostitution, et alors il peut rapporter, sous le toit conjugal, ce mal honteux dont il est assez souvent question dans les procès de séparation de corps, cet ignoble virus qui gangrène l'épouse et empoisonne le sang des enfants légitimes.

Voyons ! n'est-ce point grave, cela ?

Et ce n'est pas tout.

Les désordres du mari ont fréquemment pour résultat l'inconduite de la femme ; l'abandonnée veut se venger, et elle se « console » grossièrement, en invoquant la loi du talion. Puis, lorsqu'un homme entretient une concubine en dehors du domicile conjugal, — ce qui advient dans l'immense majorité des cas, — il grève le budget domestique, il se ruine en orgies et gaspille en folles dépenses le patrimoine de ses enfants. Il roule, de chute en chute, dans le vice, dans la misère et dans le crime.

Voilà les principales conséquences de l'adultère du mari, au point de vue de la famille et de la société.

Aux yeux de la compagne légitime, l'adultère du mari est, dans tous les cas, un sanglant affront. quoi qu'en ait pu dire, en se jouant, une belle dame de la cour de Louis XIV. Une femme honorable est toujours gravement offensée lorsqu'elle songe que son mari quitte, le soir, les bras d'une courtisane pour venir dans le lit conjugal. Quel odieux commerce ! et quel outrage !

La jurisprudence, sentant bien qu'il existe une lacune dans la loi, en est venue à employer une manière de subterfuge; elle a pris un détour pour considérer l'adultère du mari en dehors du foyer domestique comme une « injure grave. » Elle en a fait, indirectement, un motif de séparation de corps, — ce qui est en opposition formelle avec le texte précis de l'art. 230.

Dans la législation d'un peuple il faut plus de netteté et plus de franchise, ce nous semble.

Notre code civil, en rapport sur ce point avec la morale et l'honnêteté publique, a imposé aux deux époux le même devoir de « fidélité ».

Les infractions à cette règle ont, de part et d'autre, de graves conséquences. Nous l'avons démontré.

En bonne justice, la sanction devrait être la même pour les deux conjoints.

Nous croyons donc que la loi française, après avoir elle-même ordonné aux deux époux d'être fidèles, devrait déclarer simplement, logiquement, que l'adultère est, dans tous les cas, une cause de séparation de corps.

Il y a beaucoup à dire sur l'adultère, — nous en parlerons plus loin, au point de vue pénal et au point de vue social. — Il est inutile d'entrer ici dans une digression qui n'a pas trait directement aux motifs spéciaux de la séparation des époux.

Après l'adultère, la loi cite, parmi les causes de séparation de corps, « les excès, sévices et injures graves. » Ces expressions générales, dont le sens est fort élastique, s'étendent à nombre de cas qui peuvent surgir au milieu des démêlés conjugaux.

La plupart des législations étrangères, le code prussien notamment, énumèrent, avec de longs détails, une série de faits qui permettent aux époux de demander la séparation ou le divorce. Tels sont les crimes contre nature, l'abandon malicieux, le refus de faire procéder au mariage religieux après l'avoir promis, l'exercice d'une profession honteuse, le proxénétisme, le refus du devoir conjugal, etc., etc... Il nous paraît impossible de prévoir tous les cas d'injures ou d'outrages qui peuvent se présenter dans le cours de la vie : les annales de la jurisprudence nous signalent des faits inimaginables. Nous estimons dès lors qu'il convient de laisser aux tribunaux le soin d'apprécier la gravité des différents faits qui sont spécifiés dans la demande de séparation et d'examiner si ces faits rentrent dans la catégorie de ceux qui ont été indiqués par le législateur, d'une manière générale.

Nous croyons toutefois que la loi française devrait contenir une nouvelle cause de séparation de corps, qui ne semble pas comprise dans la catégorie des « excès, sévices ou injures graves » qu'un époux peut imputer *personnellement* à son conjoint : nous voulons parler de la corruption des enfants, et des mauvais traitements infligés à ces pauvres petits êtres par l'un ou l'autre des époux. Quand il s'agit de la société domestique, il ne faut pas envisager exclusivement les deux époux ; l'intérêt des enfants peut aussi commander une séparation de corps. Il y a là une lacune à combler.

Le Code actuel cite enfin, comme motif légal de séparation « la condamnation de l'un des époux à une peine infamante ». Le but de cette disposition est facile à saisir. On comprend qu'on ne puisse contraindre une femme honnête à vivre intimement avec un homme dégradé, flétri, vicieux, qui d'ailleurs peut donner de mauvais conseils ou de mauvais exemples à ses enfants.

Mais dans quels cas l'époux sera-t-il taxé d'infamie? Qu'est-ce qu'une peine « infamante »?

La loi pénale ne fait aucune distinction entre les motifs de certains châtiments; elle considère comme « infamantes » les peines suivantes : la mort, les travaux forcés, la déportation, la détention, la réclusion, la dégradation civique et le bannissement. Or, quelques-unes de ces peines peuvent être motivées par des actes qui ont blessé un principe purement politique, plutôt que la loi morale; ou bien par des faits, criminels sans doute, mais qui ne soulèvent point l'indignation générale, par exemple, des coups et blessures ayant entraîné la mort sans que l'agresseur ait eu l'intention de la donner. Un mouvement de vivacité, un coup malheureux, au milieu d'un rixe, peuvent être le fait d'un individu qui, au fond, est honnête homme. Et cependant la loi prononce en ce cas, une peine « infamante ».

Par contre, nombre de délits correctionnels impliquent une dégradation morale plus accentuée : ainsi, le vol, l'escroquerie, l'excitation des mineurs à la débauche sont, devant la conscience publique, beaucoup plus infamants qu'un crime politique ou qu'un meurtre involontaire.

Le législateur pourrait donc énumérer les crimes et *délits* qui sont réellement infamants c'est-à-dire qui dénotent chez le coupable une immoralité profonde, en ayant soin d'écarter ceux qui se rattachent à la violation d'un principe politique, ou qui ne sont pas l'indice d'une nature foncièrement vicieuse.

Ou bien, si le législateur ne voulait point faire cette nomenclature, il pourrait laisser aux tribunaux la faculté de prononcer la séparation de corps, suivant les circonstances, contre l'époux qui aurait été définitivement condamné à une peine afflictive et qui ne serait pas réhabilité.

Telles sont les causes qui, à notre gré, devraient motiver la séparation de corps.

§ 2.

La loi française doit-elle continuer à admettre la séparation de corps uniquement pour causes déterminées? Ne pourrait-elle pas, à l'exemple de la loi italienne, admettre aussi la séparation de corps par consentement mutuel?

Selon nous, ce nouveau mode de séparation devrait être admis par notre code civil.

Quelle est l'objection classique que l'on oppose, d'ordinaire, à ce genre de séparation de corps? On dit : La séparation de corps entraînant la séparation de biens, les époux pourraient s'entendre pour modifier ainsi leur régime matrimonial, au préjudice des créanciers.

A cela nous répondons d'abord que, dans certains cas, la séparation de corps pourrait ne pas entraîner forcément la séparation de biens. — Nous ne voyons pas pourquoi, par exemple, un honnête homme, un père sans reproches, ne pourrait point conserver l'administration des biens de sa femme, dans l'intérêt même de ses enfants, plutôt que de laisser cette partie de leur patrimoine entre les mains d'une femme légère ou débauchée. Et nous tenons qu'en cas pareil le « chef de la famille » pourrait servir simplement à la femme une pension annuelle, conformément à ses ressources et à ses besoins. Ce serait aussi juste que moral.

Cela posé, nous ajoutons : 1° que la séparation de corps, « par consentement mutuel » serait (comme autrefois le divorce) entourée de formalités ; 2° que les créanciers seraient toujours avertis par une efficace publicité ; 3° que la justice en prononçant cette séparation, après toutes les formalités et toutes les épreuves voulues, réglerait elle-même la situation pécuniaire des époux, afin de sauvegarder toujours les droits de la famille aussi bien que les droits des créanciers.

Dans les conditions que nous venons d'indiquer, il nous semble que l'objection « classique » tombe absolument ; et, dès lors, nous n'apercevons plus que les avantages de la séparation « par consentement mutuel ».

Ces avantages, les voici :

Les débats de l'audience sur des faits déterminés ont le grave inconvénient d'envenimer la situation des deux époux dont la vie est livrée en pâture à la malignité publique. Tous les actes qui se passent au foyer domestique, — voire dans le lit conjugal, — doivent autant que possible rester voilés. N'est-ce pas là une question de décence privée et publique ? Puis, l'étalage de certaines turpitudes, les révélations obscènes, les accusations précises qu'un époux lance brutalement, au grand jour, à la face de son épouse légitime, ont quelque chose d'odieux et de pénible. Tout ce scandale creuse un abîme, souvent infranchissable, entre les deux conjoints, et les éclats de la lutte judiciaire rejaillissent jusque sur les enfants. C'est déplorable, à tous égards.

Donc, lorsque des époux, après avoir subi maintes épreuves légales, viendront tous les deux affirmer nettement, résolûment, à la justice la nécessité de suspendre pour eux la vie commune, ne vaudra-t-il pas mieux prononcer la séparation sans enquêtes indiscrètes, sans tapage scandaleux, sans déchirements publics? Et n'aura-t-on pas, alors, beaucoup plus de chances d'obtenir une réconciliation?

§ 3.

La réconciliation! tel doit être en effet le *desideratum* après un orage domestique. « Après la pluie, le beau temps, » dit le proverbe. Après la guerre, le traité de paix. Voilà ce qu'il faut souhaiter. Voilà ce qu'il faut chercher à obtenir, de la façon la plus avantageuse et la plus sûre.

Or, nous trouvons que le préliminaire de conciliation, tel qu'il est indiqué par l'art. 878 du code de procédure civile, n'est pas suffisant.

On prétend que, d'après les anciennes coutumes suisses, « le mari et la femme qui demandaient à se séparer devaient être enfermés, pendant huit jours, en tête à tête, dans une chambre où il n'y avait qu'une table, qu'une chaise et qu'un lit; leur action n'était recevable qu'après cette épreuve. »

Sans employer cette méthode cellulaire, nous pensons que la loi française devrait au moins donner aux époux le temps de la réflexion, et multiplier les épreuves, afin d'arrêter les indécis et d'augmenter les chances de rapprochement. Il est bien évident que, dans des cas d'une gravité exceptionnelle, — s'il y avait menaces de mort, par exemple, — des mesures urgentes seraient prises, au besoin par le Ministère public. Mais occupons-nous seulement de ce qui se passe d'ordinaire dans les ménages désunis.

I. — En cas de séparation pour causes déterminées, l'époux demandeur devrait d'abord faire connaître ses griefs au juge de paix du canton. Ce magistrat, qui connaît davantage les gens de la localité, pourrait donner au plaignant des conseils plus topiques, plus paternels ; il saurait généralement quelle corde il faut faire vibrer pour amener l'harmonie.

Après cette première épreuve, si le demandeur persistait à vouloir se séparer, la requête serait portée devant le Président du tribunal. Après l'avoir examinée, ce magistrat convoquerait à jour fixe les époux, qui devraient comparaître en personne; il leur ferait entrevoir les soucis et les dépenses d'un long procès, les désagréments d'une séparation, l'intérêt des enfants, et tout ce qui serait utile dans la cause.

Si la conciliation n'était pas obtenue, le Président ordonnerait, — selon les circonstances, — la suspension de toute procédure pendant un certain délai, qui ne pourrait excéder six mois.

Après l'expiration du délai fixé par le Président, si le demandeur persistait dans sa résolution, la demande serait judiciairement formée. L'affaire serait communiquée au Ministère public, et, sur le rapport d'un juge, le tribunal, en la Chambre du conseil, pourrait statuer sur les mesures provisoires.

Le procès suivrait ensuite son cours.

II. — En cas de séparation par consentement mutuel, les épreuves et les tentatives de conciliation seraient plus importantes.

Les époux, en cette occurrence, devraient comparaître ensemble devant le juge de paix de leur canton et exposer leur intention commune. Le Juge ferait telles remontrances et telles exhortations qu'il croirait convenables : procès-verbal serait dressé. Trois mois plus tard, si les époux persistaient à vouloir se séparer, nouvelle comparution devant ce magistrat, qui recevrait encore le consentement des deux époux et le constaterait dans un procès-verbal.

Après ces deux épreuves, les époux feraient faire inventaire et estimation de tous leurs biens, valeurs mobilières et immobilières, par tel notaire qu'ils choisiraient ; puis ils feraient déterminer, par acte authentique, toutes les conditions de leur séparation, aussi bien pour eux que pour leurs enfants.

Cela fait, une requête serait présentée au président du tribunal, avec toutes les pièces à l'appui. Le Président, après examen, convoquerait non seulement les deux époux, mais leurs père et mère, ou autres ascendants, qui pourraient alors joindre leurs conseils intimes à la voix autorisée du magistrat.

Si, après cette réunion officielle des deux familles, la réconciliation était encore impossible, le Président donnerait acte aux époux de leur « consentement mutuel », en présence des parents. Il ordonnerait, en outre, la publication de ce consentement.

L'affaire serait communiquée au Ministère public, et le tribunal, en prononçant plus tard la séparation de corps, réglerait la situation pécuniaire, de façon à sauvegarder les intérêts des enfants et des créanciers, dûment avertis.

§ 4.

La séparation de corps ne devrait pas, à notre sens, entrainer forcément et toujours la séparation de biens ; les juges devraient décider selon les circonstances.

Il nous semble qu'en principe il y aurait sur ce point trois grandes distinctions à faire :

1° Quand les époux auraient des torts réciproques, il serait utile de prononcer la séparation de biens ; et pour ne pas laisser, au point de vue pécuniaire, la femme sous la dépendance d'un mari qui a des fautes à se reprocher, l'autorisation maritale, aujourd'hui nécessaire à la femme, notamment pour vendre ou emprunter, serait remplacée par l'autorisation de la justice.

2° Lorsque le mari serait un honnête homme et que la femme aurait tous les torts, la séparation de biens ne serait pas prononcée ; le mari, toujours chef honorable d'une famille non dissoute, conserverait l'administration et la jouissance des biens de sa femme coupable ; il les gérerait dans l'intérêt des enfants, et servirait à son épouse une pension alimentaire dont le chiffre serait déterminé par le tribunal.

3° Si le mari, au contraire, était seul coupable, la femme, séparée de corps et de biens, devrait être dispensée désormais de toute autorisation et avoir une entière capacité pour diriger sa fortune personnelle, — c'est-à-dire être dispensée de l'autorisation du mari, dans les cas où cette formalité est actuellement requise après la séparation de biens.

Une fille majeure n'est pas incapable ; elle

jouit du droit de gérer librement ses biens, de vendre et d'emprunter, selon ses besoins. Lorsqu'un mari a eu des torts graves envers sa femme et a détruit la présomption de sagesse que la loi a édictée en sa faveur, pourquoi sa femme, qui est honorable, ne pourrait-elle pas être affranchie alors de l'autorisation maritale? Le plus souvent ce pouvoir, qui reste aux mains d'un mari séparé, n'est qu'un instrument de taquinerie ou de persécution. Pourquoi ne pas faire encourir au mari indigne cette juste déchéance?

L'autorisation de la justice, en ce cas, ne nous paraît même pas indispensable.

Nous ne voyons pas pourquoi une mère de famille, honnête, intelligente, et justement dispensée de l'autorisation d'un mari coupable et dissipateur, serait obligée de s'adresser à la justice pour vendre un champ de terre, acheter une maison, ou contracter un emprunt.

Pourquoi n'aurait-elle pas, alors, autant de capacité qu'une fille majeure, ou qu'une veuve qui peut même être tutrice légale de ses enfants?

§ 5.

Voilà déjà nombre d'améliorations et d'amendements que l'on peut apporter à notre loi sur la séparation de corps.

Ce n'est pas tout encore. Nous arrivons ici à l'une des réformes les plus importantes que nous voudrions voir introduire dans le Droit français : la séparation temporaire.

Aujourd'hui, en France, quand un tribunal prononce la séparation, — sans tentative sérieuse de conciliation, sans épreuves préliminaires, — il prononce une séparation définitive, perpétuelle, qui peut, il est vrai, cesser par une réconciliation spontanée, mais qui, en somme, a une durée indéterminée, et qui, par cela même, peut inspirer aux époux l'idée qu'ils seront à jamais étrangers l'un à l'autre.

Le mari et la femme, qui n'ont pas l'espoir du retour, alors surtout qu'ils n'ont pas d'enfants, sont tout disposés à prendre une liberté d'allures qui est très-fâcheuse, à tous égards. Puis, lorsque la durée de la séparation judiciaire est indéfinie, quel est celui des deux époux qui veut faire le premier pas sur la voie de la réconciliation? Chacun hésite. L'amour-propre devient un obstacle au rapprochement. On n'ose pas s'avancer. On recule plutôt.

La séparation temporaire aurait, à nos yeux, de très sérieux avantages.

Presque toutes les séparations de corps ont

pour origine et pour cause des outrages que le temps fait aisément pardonner.

En 1876, sur 3,453 demandes en séparation, 3,093 étaient fondées sur des excès, sévices ou injures (1).

En 1877, la proportion des demandes, ainsi motivées, était à peu près la même : 91 0/0 (2).

Une voie de fait, une scène trop vive, un mot injurieux peuvent bien s'oublier, surtout parmi la population ouvrière, qui fournit la masse du contingent dans la légion des séparés.

La séparation temporaire sera donc comme une trêve. Les causes de la séparation n'ayant pas élevé entre les époux une barrière presque infranchissable, et la séparation n'ayant été prononcée que comme une nouvelle épreuve, pendant un temps déterminé, chacun des époux se séparera avec l'idée d'une réconciliation probable, possible, et plus ou moins prochaine. Alors, on prendra plus volontiers patience. Chacun se surveillera davantage. Sachant qu'après un certain délai ils devront rendre compte de leur conduite à un magistrat, les époux auront plus de retenue. Dans ces conditions, l'isolement momentané pourra faire naître de salutaires réflexions. Les séparés songeront

---

(1) *Journal officiel*, 25 mars 1878.

(2) *Journal officiel*, 25 août 1879.

l'un à l'autre, et, plus d'une fois, attirés par un commun désir, ils pourront devancer le jour officiel de la réconciliation.

Cette épreuve temporaire, si elle était admise par la loi, devrait avoir, à notre avis, une portée toute morale et féconde en bons résultats.

Dans beaucoup de cas, qui seraient laissés à l'appréciation des tribunaux (en pareille matière, on ne peut prévoir la variété infinie des affaires) les effets de la « séparation temporaire » pourraient n'être pas les mêmes que ceux de la « séparation définitive ».

L'habitation seule serait distincte. Le tribunal ne prendrait que des mesures transitoires. Les intérêts ne seraient pas complètement divisés. Les déchéances seraient suspendues. Les froissements résultant de la vie commune seraient supprimés ; mais la communauté subsisterait encore sur plusieurs points. En un mot, tout, dans cette épreuve provisoire, rappellerait aux époux qu'ils doivent se réunir.

Le terme de la séparation temporaire pourrait être fixé à trois ans, par exemple.

Après le délai fixé, la vie commune devrait être reprise, de plein droit. Un acte public constaterait la réunion des époux.

Si l'un ou l'autre ne voulait plus reprendre la vie conjugale, une requête serait présentée au Président du tribunal.

Les deux époux seraient forcés de comparaître personnellement devant ce magistrat, d'expliquer leur conduite et d'articuler leurs griefs. Une nouvelle tentative de conciliation aurait lieu ; et, si elle n'aboutissait pas, la « séparation définitive » serait prononcée par le tribunal, qui réglerait, comme nous l'avons dit plus haut, la situation pécuniaire.

La séparation définitive, — c'est-à-dire celle dont la durée serait indéterminée, — pourrait, bien entendu, cesser par la libre volonté des époux. Et cette volonté sérieuse, durable, devrait se traduire, aux yeux de la loi et de la justice, non point par un rapprochement furtif, éphémère, mais par le rétablissement public de la vie commune et par un acte authentique, qui serait transcrit.

La communauté de biens, si elle avait été dissoute, serait alors reprise, conformément à l'art. 1451 du Code civil.

Voilà, en résumé, sur quelles bases, et surtout dans quel esprit, notre loi sur la séparation de corps devrait être réformée. Nous pensons, avec sincérité, qu'une telle réforme influerait progressivement sur les mœurs, préviendrait maintes discordes conjugales ou mettrait fin à bien des divisions, qui communément n'ont rien d'irremédiable. D'ordinaire, au milieu des querelles de ménage, qui motivent presque toutes les séparations judiciaires, les époux, surexcités, se lancent des coups ou des mots trop vigoureux, sans avoir, au fond, l'intention formelle de s'éloigner pour toujours; et tels qui ont eu la mauvaise idée de se séparer, s'en repentent *in petto* et attendent, pour se rapprocher, une occasion favorable qui ménage la dignité de chacun. C'est cette occasion que la loi doit provoquer, à l'avenir; or, elle pourra la faire naitre, d'une façon toute naturelle, au moyen de la « séparation temporaire ».

Demandons-nous maintenant s'il convient de s'avancer beaucoup plus loin dans la voie des réformes. Voyons si le divorce doit être rétabli dans nos lois comme une règle absolue et offert comme une heureuse issue à *tous* les époux qui voudront s'échapper à jamais de la maison conjugale et déserter le foyer de la famille.

TITRE IV.

Les principes de M. Naquet.

CHAPITRE PREMIER.

Le divorce et la liberté individuelle. — L'esclavage et les vœux monastiques. — Le service militaire. — Les volontaires de l'armée matrimoniale. — Le mariage et son but normal. — Une boutade du citoyen Darracq. — Les conséquences d'un principe. — Limites légitimes de la liberté.

§ 1er.

La question du divorce renait, chez nous, d'une façon quasi périodique.

Depuis 1816, il semble qu'après chaque révolution politique, d'aucuns s'empressent de prêcher le rétablissement du divorce supprimé par la Restauration. Le divorce a été réclamé en 1831 ; Odilon Barrot en a été l'éloquent défenseur. Le divorce a été redemandé en 1848, au nom de la liberté. Vaines tentatives.

Depuis 1871, les partisans du divorce reviennent à la charge. Toutefois ils ne se dissimulent point que pareille réforme n'est pas très populaire en notre pays.

« Nous savons, dit M. Naquet, que peu de réformes soulèvent en France une opposition plus vive, que peu d'idées rencontrent des préventions à la fois aussi nombreuses et aussi peu justifiées. Mais nous croyons l'heure venue de faire taire ces préventions injustes et de désarmer, par la pratique même du divorce, l'opposition que le divorce rencontre (1). »

L'honorable député a même une telle confiance en sa thèse, qu'il déclare, dans la préface de son livre, que « l'on ne peut opposer d'arguments sérieux » aux motifs sur lesquels il appuie sa proposition, et il affirme que l'on n'a pas « une seule bonne raison » pour rejeter une loi qui brise à la fois les liens du mariage et ceux de la famille.

Nous allons donc examiner et discuter les principes sur lesquels M. Naquet se fonde pour réclamer le divorce, d'une manière absolument radicale.

Il prétend d'abord que « le divorce est une

(1) *Le Divorce*, p. 3.

institution conforme aux principes généraux de notre droit public. »

Jadis, sous l'Ancien régime, nos aïeux permettaient certaines conventions qui entraînaient l'obligation « de faire ou de ne pas faire ». La loi admettait alors des contrats engageant la personnalité et l'indépendance de l'une des parties contractantes, en un mot, des « contrats personnels ». Un homme, par exemple, pouvait disposer de sa personne, aliéner sa liberté et se vendre comme un esclave ou un serf. Son maitre pouvait le contraindre « à faire » tout ce qu'il commandait.

Aujourd'hui, on ne peut obliger par la force un ouvrier à faire quelque chose. Si, après s'être librement engagé à faire un travail, il ne veut pas l'exécuter, l'autre partie peut demander la résiliation du contrat et des dommages-intérêts. Voilà tout.

Autrefois, un individu pouvait prononcer des vœux perpétuels, dont la loi reconnaissait la validité, et le malheureux était obligé de rester cloitré, toute sa vie, dans un monastère. De semblables contrats sont odieux, s'écrie M. Naquet; ils sont contraires au droit, contraires aux bonnes mœurs, contraires à la liberté humaine ! La loi moderne ne les admet plus ! « Le mariage indissoluble fait donc partie d'un genre de contrats que la civilisation réprouve. »

Le divorce doit donc être admis, en principe, au nom de la « liberté individuelle ».

Voilà une de ces conclusions auxquelles M. Naquet prétend qu'on ne peut opposer un « argument sérieux ».

Voyons et jugeons.

La loi française, nous dit-on, n'admet pas l'esclavage. — Dieu merci, le code ne considère pas l'homme ou la femme comme un objet qui peut être vendu et livré à un maître. L'esclavage est contraire à la dignité humaine et à l'intérêt social: c'est donc à juste titre que les nations civilisées le proscrivent. Mais que faut-il en conclure ici? Est-ce là un « argument » en faveur du divorce?

Notre droit public, ajoute-t-on, refuse sa sanction à la perpétuité des vœux religieux. — C'est vrai. Mais pourquoi? Parce que la loi positive n'exerce son empire que sur la société civile, et que si elle tentait de maintenir des liens purement spirituels, elle empiéterait sur le domaine de l'Eglise. Tout aussi bien, il ne s'agit là que d'un engagement « unilatéral », pris par une personne devant Dieu ; il ne s'agit là que d'un devoir moral qui n'a point de portée juridique, c'est-à dire qui ne porte pas atteinte à des tiers ou à l'ordre public. La loi civile n'a donc point à s'en occuper ; elle n'a pas à pénétrer dans le sanctuaire de la conscience.

Mais est-ce à dire, pour cela, que l'Etat n'a pas le droit, dans certains cas déterminés, et au nom de l'utilité générale, de sacrifier la liberté individuelle? Assurément non. Nul ne pourrait soutenir sérieusement une telle proposition.

M. Naquet lui-même reconnaît qu'en vue de l'intérêt public, la loi est obligée d'admettre des « contrats personnels » et d'accepter des situations où la liberté individuelle est forcément immolée sur l'autel de la patrie. Témoin le service militaire.

Qui oserait dissoudre l'armée nationale, au nom de la liberté? Personne, apparemment.

Eh bien, il nous semble que les gens mariés, les pères de famille, forment dans l'Etat une immense armée, destinée, non pas à exterminer l'espèce humaine, mais tout au contraire à la perpétuer légitimement, — ce qui, entre parenthèses, doit revêtir, à tous les yeux, un caractère d'utilité sociale au moins aussi respectable que le tir en rase campagne.

La loi oblige, aujourd'hui, tous les citoyens à accomplir le service militaire; elle courbe elle-même les volontés individuelles sous son joug; elle enchaîne, par ordre, la liberté humaine, au nom de l'intérêt public. Et tous les bons citoyens s'inclinent devant cette nécessité sociale; tous endossent l'uniforme résolûment.

Au contraire, la loi n'oblige personne à se marier. Le mariage est un contrat essentiellement libre, qui n'a rien de commun avec l'esclavage auquel on parait le comparer. Le consentement réciproque est la base de cette union; les droits et devoirs des époux, tels qu'ils sont réglés par le Code civil, n'ont rien qui ressemble à l'abjection de la servitude. Dans l'armée matrimoniale, dont nous parlions tout à l'heure, il n'y a que des « volontaires ». Les fiancés, de leur plein gré, ont pris un « engagement ». La loi, dans leur propre intérêt, veut même qu'avant de s'enrôler, ils aient un âge raisonnable et donnent un consentement éclairé, réfléchi, et corroboré par l'autorisation de leurs parents, qui ont l'expérience de la vie. On ne saurait donc élever contre eux une présomption d'ignorance; les époux, aussi bien que leurs tuteurs naturels, savent à quoi ils s'engagent.

Certes, il ne s'agit point là d'un engagement d'un jour, voire même d'un « engagement conditionnel d'un an »! On ne se marie pas à terme!

Le volontaire qui s'enrôle dans un régiment aliène lui-même sa personne et sa liberté, pendant un temps déterminé.

Les volontaires du mariage disposent spontanément, eux aussi, de leur personne et de leur liberté; mais, par la force même des choses, —

qui est une loi inéluctable, — ils contractent un engagement dont le terme est indéterminé. Et, en imposant à ceux qui veulent s'unir l'obligation de ne pas ébranler la stabilité qui est l'essence même du mariage et de la famille, le Code enseigne aux citoyens français combien il faut apporter de réflexion, de constance et de résolution pour signer un acte de cette nature.

On ne se marie pas pour faire, pendant quelques années, un exercice stérile et prendre ensuite congé, comme un soldat. On se marie, en général, pour passer sa vie dans la maison patriarcale où s'épanouissent l'amour conjugal et l'amour paternel, ces deux besoins du cœur qui poussent l'homme à vivre avec la compagne qu'il a choisie et à revivre dans les êtres qu'il a créés.

L'homme a, au fond de l'âme, un tel amour de la vie, que — sans parler de l'immortalité qu'il rêve et qu'il entrevoit au-delà de ce monde — il veut, sur la terre, se survivre à lui-même et se reproduire, avec une force étonnante d'expansion.

C'est ainsi que la famille complète et perpétue la personne humaine. L'homme seul, quand il meurt, disparaît comme la semence devenue inutile, qui se dessèche et se flétrit. Le père, lui, peut dire comme le poëte : *Non omnis moriar*. Il ne meurt pas tout entier. Si la famille impose à l'homme le sacrifice de son indépendance, elle le dédommage par l'extension de sa personnalité. Si la famille, qui est l'école du dévouement, le force à s'oublier lui-même, dans l'intérêt des siens, elle le récompense en renouvelant son être et en lui donnant de suprêmes consolations.

Donc -- en principe — le mariage comporte, disons plus, exige la perpétuité, à cause de son but normal. Pendant l'existence des deux époux, c'est le *consortium omnis vitæ*. Mais si l'on considère les effets naturels et civils de l'union conjugale, on trouve qu'ils durent plus longtemps que la vie des conjoints. La famille légitime survit aux époux; elle se rattache au passé par les ancêtres, qui reposent dans le champ des morts, et elle dirige ses « branches » vers les siècles à venir. Tel le chêne robuste, dont les racines se perdent dans les profondeurs souterraines, et qui projette au loin ses rejetons séculaires.

§ 2.

En face de ces longues perspectives, en face des conséquences indéfinies du mariage et des lois éternelles qui régissent la famille, que disent donc les partisans du divorce à outrance?

Au Conseil des Cinq-Cents, le 4 pluviôse an V, Darracq s'écriait :

« On ne peut contracter l'engagement d'aimer éternellement, d'aimer toute sa vie ! »

Et l'auditoire d'accueillir cette boutade par de bruyants éclats de rire.

Encouragé par cette explosion d'hilarité, l'orateur continua :

« Quel engagement est plus contraire aux droits naturels de l'homme que celui que nous contracterions d'aimer toujours la même femme, dès qu'il n'est pas plus en notre pouvoir d'aimer que de haïr ou de demeurer indifférent ?

« Et cependant, si nous l'avons contracté, cet engagement *absurde et ridicule*, la Constitution, qui le réprouve, ne veut pas que la loi, qui garantit l'exécution de tous les contrats, protège celui-là. »

Voilà, notamment, ce que l'on disait sous le Directoire ; et voilà bien la pensée dominante des réformateurs, qui veulent aujourd'hui le divorce et la répudiation.

En prenant pour base de tels principes, en disant que le divorce doit être admis, comme une règle générale, au nom de la « liberté individuelle », et qu'il doit être provoqué « même par la volonté d'un seul des époux » (1), les

---

(1) Naquet, *Le Divorce*, p. 5.

partisans du divorce, — ainsi compris et appliqué, — n'avaient qu'un pas à faire pour demander la suppression du mariage. Ce pas, ils l'ont fait, sans hésiter.

Ainsi, le 17 mai 1871, pendant la Commune, M. Vésinier proposa un projet de loi qui non seulement rétablissait le divorce, mais qui simplifiait étrangement la célébration du mariage civil et permettait aux futurs de s'unir sans le consentement de leurs parents. C'était, en quelque sorte, le rétablissement de l'amour libre.

Quelques jours après, la Commune rendit un décret qui accordait, comme pendant la guerre, une indemnité journalière aux « femmes » des gardes nationaux; mais la Commission exécutive, voulant favoriser l'union libre dans la commune libre, donna l'ordre aux délégués municipaux de ne faire aucune distinction entre les femmes légitimes et les femmes « dites illégitimes » (1).

Pourquoi s'en étonner? N'avons-nous pas vu deux hommes distingués, M. Emile de Girardin et M. Alfred Naquet, soutenir eux-mêmes, dans leurs ouvrages, que le mariage doit être absolument supprimé?...

Tout cela, en somme, ne laisse pas d'être

(1) Félix Pyat, *Journal des journaux*, I, p. 356.

logique. Lorsqu'on trouve qu'il est « ridicule » de s'engager à aimer toujours la même femme ; que l'homme doit être libre dans l'amour comme dans tout le reste ; qu'un individu ne peut pas aliéner sa personne et sa liberté, dans l'intérêt de la famille et de la société, on doit en conclure que, le jour où un homme n'aime plus la compagne qu'il s'est donnée, il doit l'abandonner, avec ses enfants, et chercher librement une autre femme pour satisfaire librement ses passions personnelles.

Lorsque, de conséquence en conséquence, on en arrive là, l'on doit forcément trouver que le mariage est « absurde » autant qu'inutile; d'un mot, on le supprime. Et l'on élève glorieusement le concubinage à la hauteur d'une institution !

§ 3.

Pour nous, la « liberté individuelle », comme toute chose d'ailleurs, a ses limites.

Quand un homme et une femme se marient devant l'officier de l'état civil et forment ainsi, en face de la Société, un contrat aussi grave, ils ne prennent pas seulement l'engagement de « s'aimer » toute la vie, — comme le croyait le citoyen Darracq, sous le Directoire; ils s'engagent à remplir fidèlement tous les devoirs que le mariage enfante et à supporter toutes les charges que la famille impose. Ils ne se marient pas pour se divertir, — et avec cette condition *résolutoire:* que du jour où l'un ou l'autre sera dégoûté, il aura le droit « par sa seule volonté » de déchirer l'acte de mariage et d'aller se gaudir avec une autre personne « qu'il aimera davantage ». Non, ce n'est pas le mariage, cela; c'est le concubinage, et même le concubinage des moins délicats, — car, lorsqu'un galant homme a rendu mère sa concubine, son devoir est de ne point l'abandonner, lors même qu'il trouverait ailleurs une maîtresse plus agréable ou plus jolie.

Si tel est le devoir que le cœur, la conscience, l'humanité imposent à un amant, n'est-il pas manifeste qu'un mari a des obligations bien plus sacrées, bien plus impérieuses?

Les époux légitimes, qui placent leur union sous les auspices de la Loi et de la Divinité, ne s'engagent pas seulement à folâtrer sans cesse, mais encore et surtout à s'entr'aider, à s'assister, à se faire des concessions mutuelles et à traverser ensemble les épreuves de l'adversité. La vie, en somme, n'est pas toujours semée de roses; pour tout le monde, l'existence est plutôt une lutte continuelle qu'une éternelle orgie.

Mais il y a plus. L'union conjugale a principalement pour but la procréation et l'éducation des enfants. On paraît trop l'oublier. Le mariage n'a pas été institué seulement pour les époux; il a été organisé par le législateur pour qu'on pût se reconnaître dans la société; pour que chacun eût un « état civil » régulier; pour que les enfants eûssent un père et une mère légitimes qui pûssent les élever et en faire de bons citoyens.

Quand l'enfant est né, c'est une vie toute de dévouement et d'abnégation qui commence. Les époux ne doivent plus faire alors « de l'égoïsme à deux »; ils doivent vivre pour celui qu'ils ont créé, et dont ils répondent devant la Société ét devant Dieu; ils ont alors à remplir ensemble des devoirs mutuels, une mission sacrée, un véritable sacerdoce. — Tel est notre sentiment.

Quoi qu'en puisse penser l'honorable M. Naquet, le mariage est une sorte d'aliénation de soi-même. Lorsque l'union conjugale a produit ses conséquences normales, l'époux s'efface devant le père, l'épouse disparaît devant la mère. L'unité individuelle est absorbée alors dans l'unité de la famille.

Le père, qui a été un « volontaire » du mariage, devient, pour continuer notre comparaison, comme le colonel d'un régiment; il est le « chef » d'une famille. Chaque régiment fait partie d'un tout: l'armée. De même chaque famille fait partie d'un tout: la nation. Depuis le soldat jusqu'au colonel, personne ne doit déserter son régiment; — depuis le petit-fils jusqu'au père, à la mère ou à l'aïeul, personne n'a le droit d'abandonner le drapeau de la famille. Il y a là, pour la société, un intérêt primordial, devant lequel doivent s'effacer les intérêts privés. Les fantaisies d'un soldat, aussi bien que les caprices personnels d'un époux, disparaissent devant les nécessités de l'ordre social. Voilà la vérité.

On dit que le divorce est « conforme aux principes généraux de notre droit public. » Suivant nous, s'il est un principe de notre droit que nul ne saurait contester, c'est que « la liberté individuelle » n'est pas absolue et qu'elle a pour limites naturelles et légitimes le devoir, le droit des tiers et l'intérêt général.

La loi civile peut donc, à juste titre, faire respecter l'acte de mariage, quand l'un des époux demande l'exécution du contrat et quand les enfants ont des droits acquis dans la famille.

La puissance publique a même le devoir de s'opposer aux volontés personnelles d'un père ou d'une mère qui voudraient anéantir le lien social qu'ils ont librement formé.

Un père peut avoir le droit, au nom de la liberté individuelle, de « se séparer » momentanément, si des causes graves de discorde rendent la vie commune *matériellement* impossible: mais il conserve *moralement* toutes ses obligations de « chef de famille. » Il ne peut abdiquer.

Il n'a pas le droit, à cause d'une querelle ou d'une discussion, de raturer les registres de l'état civil, de déchirer son acte de mariage, de se dépouiller de son autorité et d'enlever à la mère le nom de ses enfants ; en un mot, il n'a pas le droit de divorcer, c'est-à-dire de déserter sa famille et de l'anéantir, au moyen d'une fiction légale.

Il nous semble donc que l'on part d'un principe erroné lorsqu'on réclame le divorce au nom de la liberté de « l'individu ». Il ne faut pas se mettre ici au point de vue de l'individualité, mais de la collectivité. Pour le bien juger, il faut, à notre avis, placer le divorce devant la Famille et la Société.

Si l'on admettait le divorce au nom de la « liberté individuelle » ; si l'on rompait tous les liens de la famille dans l'intérêt *personnel* de l'un de ses membres ; si l'on bouleversait toutes les relations civiles dérivant du mariage, de la paternité et de la filiation, pour satisfaire les passions des époux inconstants, on ébranlerait assurément la stabilité des familles au préjudice de l'État

En Amérique, où tout est subordonné à « l'individu », de graves symptômes déjà se manifestent.

« La famille, telle que nous la comprenons, formant une véritable société, fondée sur le sang, jouissant de droits vis-à-vis de ses membres, destinée à se perpétuer, rattachant le présent au temps passé et se reliant à l'avenir par les enfants, cette famille-là n'existe plus aux États-Unis. Elle a été sacrifiée aux intérêts de l'individu, dont la liberté ne connaît, pour ainsi dire, plus de bornes (1) ».

C'est ce danger social qu'il faut éviter à notre pays.

Nous ajouterons qu'en France où la légèreté de caractère se rencontre à côté de très brillantes qualités, la « liberté individuelle », en matière de divorce, pourrait avoir plus d'inconvénients qu'ailleurs.

A l'endroit de l'amour, du mariage et de la fidélité, nous avons déjà des idées plus libres, des mœurs plus faciles que les Anglais ou les Américains. Si les soucis du ménage pouvaient être légalement écartés, si la famille pouvait être civilement dissoute par le divorce, la société française ne tarderait pas à s'en ressentir. Ce qui s'est passé en France, après 1792 en est une preuve historique. C'est la leçon de l'expérience. Sachons en profiter.

(1) Glasson, *Le mariage civil et le Divorce*, p. 227.

CHAPITRE II.

Peut-on réclamer le divorce au nom de la liberté des cultes et de la liberté de conscience? — Erreurs et préjugés. — Le devoir et le but du législateur. — Conséquences d'un principe faux. — La tour de Babel. — L'unité nationale.

§ 1er.

On fait valoir en faveur du divorce un argument d'une autre nature : on réclame cette institution, non-seulement au nom de la liberté individuelle, mais au nom de la liberté des cultes et de la liberté de conscience.

Le divorce a été institué en France après la Révolution, et en 1816 il n'a été aboli, — nous assure-t-on, — que sous l'influence de la religion catholique. Or, notre droit public admet aujourd'hui la liberté des cultes; donc il doit admettre en même temps le divorce. Voilà ce que l'on dit.

Et voici ce que l'on ajoute :

« Etablir le mariage indissoluble, c'est violer la liberté du juif et du protestant, dont la religion admet le divorce; c'est violer la liberté du libre penseur qui n'admet aucune religion (1). »

Cet argument avait déjà été développé en 1831 par M. Odilon Barrot :

« Le divorce, disait-il, ne devrait être interdit qu'à ceux-là seuls dont la croyance est incompatible avec lui ; car la loi civile n'aurait aucune raison de se montrer plus sévère pour les non-catholiques que leur loi religieuse. Parmi les catholiques eux-mêmes, ceux-là seuls seraient atteints dont l'union aurait été consacrée par la religion. Et si, avant 1789, le sacrement était un élément essentiel du mariage, il n'en est pas de même aujourd'hui que le contrat civil est parfait par lui-même, et que la consécration religieuse n'ajoute rien, aux yeux de la loi, ni à sa force, ni à sa sainteté !

« Et maintenant, cette renonciation au divorce, réduite à ces termes, serait-ce autre chose qu'une question de conscience, une question de foi religieuse, une loi enfin que chacun peut bien s'imposer à soi-même, mais pour laquelle il ne peut exiger des autres la même obéissance, et que le législateur ne pourrait consacrer sans faire d'un acte de foi un devoir civil, d'une prescription religieuse une contrainte légale, sans violer le grand principe de la séparation du temporel et du spirituel, sans

(1) Naquet, *Le Divorce*, p. 3.

rompre cette belle unité de notre loi civile qui est la même pour tous les citoyens, quelle que soit leur croyance, parce qu'elle est faite pour tous les membres de l'Etat et non pour les sectes religieuses? C'est le Français qui contracte devant l'officier de l'état civil; c'est le croyant catholique qui demande au prêtre de bénir son union. Si les obligations que ce dernier impose sont plus rigoureuses que les obligations civiles, n'est-ce pas là le rôle de la religion comme celui de la morale? Leur empire ne se prolonge-t-il pas toujours bien au-delà de la limite où s'arrête celui de la loi?

« Et puis, il faut le remarquer, dans aucune matière, le dogme catholique et la loi civile ne partent d'un principe plus diamètralement opposé. Pour l'un, le célibat est plus sain et plus parfait que le mariage; l'autre encourage le mariage et tolère le célibat. L'un exige de l'homme qu'il lutte même contre les besoins de sa nature et lui tient compte pour le ciel de chacune des privations qu'il s'impose; l'autre met sa perfection à satisfaire tous les besoins de l'homme et à mettre le moins souvent possible la passion individuelle aux prises avec l'ordre social. Aussi est-ce une objection à peu près abandonnée contre le divorce que celle de son incompatibilité avec le dogme catholique. »

Les partisans du divorce ne se mettent pas

toujours d'accord; car, alors que M. Odilon Barrot affirme que cette objection religieuse contre le divorce est « à peu près abandonnée », M. Alexandre Dumas fils prétend de son côté, que cette objection est la seule qui soit opposée par les défenseurs de l'indissolubilité.

Le 12 janvier 1877, le célèbre académicien écrivait, en effet, à M. Alexandre Laya, — ardent apôtre du divorce :

« Tout l'argument de nos adversaires est dans la tradition religieuse, dans l'union que Dieu a faite de deux âmes et que seul il peut séparer. »

C'est une erreur complète. — D'abord, si l'on prenait au pied de la lettre cette solennelle maxime : *Quod Deus conjunxit, homo non separet*, on devrait interdire même la « séparation » de corps. Cela est inadmissible. — Il nous semble du reste que cette phrase, tirée de l'Écriture sainte, doit s'appliquer, en principe, à l'union idéale de l'homme et de la femme. L'on irait, — croyons-nous, — un peu loin en affirmant que c'est Dieu lui-même qui a réuni tous les couples bénis par les prêtres catholiques. Ne serait-ce pas faire la Divinité complice d'une foule d'intrigues matrimoniales, de calculs passionnés et de basses spéculations, qui n'ont rien de céleste ?

Au surplus, la bénédiction nuptiale, — même

aux yeux du droit ecclésiastique, — n'empêche pas de demander et d'obtenir la nullité de certains mariages. Dans ces cas-là, l'union de l'homme et de la femme s'est bien accomplie sous les auspices de la Divinité: elle a été bénie par le prêtre; elle a été « consommée »; elle a peut-être porté des fruits, et malgré cela, pour telle ou telle cause, l'Eglise prononce la dissolution absolue de ces mariages; elle les annule; elle les brise. Le sacrement du mariage peut donc être conféré par erreur et à titre précaire.

Mais laissons cela; car il faut, autant que possible, se donner garde de porter sur le terrain de la religion la question *sociale* et *juridique* qui nous occupe.

M. Naquet, après M. Odilon Barrot, a tort, selon nous, lorsqu'il réclame le divorce au nom de la liberté des cultes; et M. Alexandre Dumas, à notre humble avis, se trompe également lorsqu'il dit que le seul argument qu'on puisse faire valoir, contre le principe du divorce, est le dogme catholique.

En 1816, si l'influence de l'Eglise a joué un certain rôle lors de l'abolition du divorce, il est positif que les orateurs de la Restauration, témoins de ce qui s'était passé après 1792, ont invoqué aussi l'intérêt de la famille et des mœurs publiques. Nous l'avons déjà démontré.

Presque tous les partisans du divorce sont

imbus d'un préjugé : ils semblent croire que leurs contradicteurs repoussent le divorce civil parce qu'ils sont catholiques ou « cléricaux ».

Auguste Comte, le patron de M. Littré, que nul ne pourra taxer de « cléricalisme », a dit avec raison : « Le grand principe social de l'indissolubilité du mariage n'a, au fond, d'autre tort que d'avoir été dignement consacré par le catholicisme » (1).

Cependant, si l'indissolubilité du mariage ou de la famille est bonne en soi ; si, en somme, et malgré certains inconvénients, qui existent en toutes choses, cette règle est favorable aux intérêts privés ; si elle est conforme à l'ordre naturel et à l'ordre public, faut-il rejeter *de plano* ce grand principe « social », ce principe tutélaire, parce qu'il a été consacré par une religion ? — Evidemment non.

Tous les arguments des philosophes ou des juristes qui n'admettent pas le divorce (et ils sont nombreux) ne se fondent pas sur une « tradition religieuse », ou sur le « dogme catholique ». Non. Ils se fondent principalement sur la nature des choses, sur les liens du sang, sur le droit civil et sur l'intérêt public.

En 1848, à un moment où l'on réclamait derechef le divorce, M. Vapereau écrivait ceci :

(1) *Philosophie positive*, V. p, 687.

« C'est à cette seconde opinion (l'indissolubilité) que je me sens forcé de m'arrêter ; quoiqu'elle me place, en passant, dans les rangs des éternels ennemis de la philosophie et de la liberté. Dévoué de cœur à l'une et à l'autre je combattrai le divorce avec les armes de la philosophie, qui à la fois éveille dans nos âmes le sentiment de la liberté et la contient dans de justes limites.

« Je ne repousserai donc pas le divorce en l'appelant, avec M. de Bonald, une monstruosité de l'esprit révolutionnaire et philosophique. Je ne le repousserai pas non plus au nom d'une prétendue religion de l'Etat, sous le régime, qui nous est cher, de la liberté religieuse. Je le repousserai comme funeste à la société, dont il ébranle la plus ferme base ; je le condamnerai au nom de la nature humaine, de ses sentiments les plus nobles et les plus délicats, au nom des devoirs de l'homme, au nom même de son bonheur (1) ».

Avec M. Vapereau, bien d'autres penseurs, M. Jules Simon, M. Adolphe Garnier, M. Paul Janet et *tutti quanti* ont repoussé le principe du divorce. au nom de la morale sociale et de la philosophie.

Quant à nous, tout en respectant, au point

---

(1) *Revue philosophique et littéraire*, II, p. 218.

de vue religieux, la doctrine catholique qui admet « l'indissolubilité du mariage », nous disons qu'en matière législative, lorsqu'il s'agit de discuter la question du divorce, c'est-à-dire la rupture *légale* du mariage *civil*, un jurisconsulte doit écarter, autant que faire se peut, les doctrines de telle ou telle religion positive et se préoccuper du droit naturel, de la constitution de la famille et des mœurs publiques.

Le Parlement, dans un pays où est appliquée la liberté des cultes, ne doit point se placer ici sur le terrain religieux. Le « sacrement » est article de foi ; ce n'est point article du Code. L'Etat, qu'on ne l'oublie pas, doit rester neutre en matière de religion ; il n'a pas à choisir parmi les croyances, si variées, qui se manifestent sur le globe terrestre ; il ne doit pas intervenir et se jeter au milieu des querelles théologiques qui divisent les hommes.

En édictant une loi purement civile, dans l'intérêt de la société, le législateur, qui a seulement à faire une œuvre de raison et de justice, ne doit considérer et ne considère que des individus tous égaux devant le Code de leur pays.

Comme l'a fort bien dit M. Odilon Barrot, c'est le Français qui prend des engagements devant l'officier de l'état civil. Cela est très-exact. Mais c'est précisément parce que c'est le Français qui contracte le mariage civil, — et non le catholique, le protestant ou l'israélite, — que la loi française doit être la même pour tous les nationaux.

Cette mesure égalitaire est justement le moyen de ne pas « rompre — comme le dit lui-même M. Odilon Barrot — cette belle unité de notre loi civile qui est la même pour tous les citoyens, quelle que soit leur croyance, parce qu'elle est faite pour tous les membres de l'Etat, et non pour les sectes religieuses. »

§ 2.

Si, au sujet du mariage civil, qui est essentiellement une question d'ordre public, le législateur devait se préoccuper des dogmes particuliers de telle ou telle religion, il devrait faire logiquement une codification spéciale pour tel ou tel groupe d'individus. S'occupant d'abord des cultes reconnus par l'Etat, et notamment du catholicisme, il devrait consacrer, dans le Code civil, toutes les règles du droit canonique.

Le droit canonique déclare, dans maintes circonstances, que la nullité du mariage peut être prononcée. Ainsi, l'Eglise catholique admet qu'une « alliance spirituelle » résulte du baptême : si le parrain se marie plus tard soit avec l'enfant baptisé, soit avec l'un ou l'autre de ses parents, le mariage contracté, au mépris de cet obstacle éminemment « spirituel », peut être annulé. La loi française devra donc se plier à cette exigence pour respecter la liberté des cultes ; car enfin, sans cela, lorsque la nullité d'un tel mariage aurait été prononcée par l'autorité ecclésiastique, les deux époux, séparés à jamais par l'Eglise, resteraient toujours mariés aux yeux de la loi civile ; et ce serait là, pour leur conscience, une situation lamentable.

La loi devra aussi ratifier les différentes règles qui sont admises, en matière de mariage ou de divorce, par les luthériens, les calvinistes et les israélites.

Le Code, — toujours au nom de la liberté des cultes, — devra faire une foule de distinctions, suivant qu'un catholique sera marié avec une protestante, ou une juive avec un catholique ; il sera obligé de prévoir tous les imbroglios causés par la diversité des religions positives. Dans quel dédale s'engagerait-on ?

Et ce n'est pas tout. Si l'on demande, en principe, le divorce légal au nom de la liberté des cultes et de la liberté de conscience, il faut être logique et aller jusqu'au bout. Il n'y a pas de raison pour ne pas réclamer, au même titre, la polygamie et le reste.

Il faudra, en révisant le Code civil, établir dans le chapitre du mariage un paragraphe pour chaque catégorie de sectateurs. Quand un Juif, nourri de la Bible et grisé par l'exemple des « patriarches », voudra « renvoyer » son épouse, dans le désert ou ailleurs, la loi française devra l'y autoriser, par respect pour les convictions personnelles de ce brave homme, fidèle à la loi de Moïse. Lorsqu'un Turc se fera naturaliser Français, il faudra lui permettre, par égard pour ses idées musulmanes, de répudier légalement telle ou telle de ses femmes. S'il plait à un Mormon de quitter les rives du Lac Salé et de devenir parisien, il faudra lui permettre d'épouser, devant l'officier de l'état civil, sept ou huit françaises. Si un « libre penseur, qui n'admet aucune religion », déclare qu'il préfère, lui aussi, la polygamie, et dit que la loi de son pays ne doit pas « violer sa liberté (1) » et sa conscience, il faudra l'autoriser à se composer, avec permission de M. le Maire, un sérail légitime!

Si une femme, très-libre aussi dans ses conceptions philosophiques, déclare, devant le magistrat municipal, qu'elle admet le matérialisme et la polyandrie, il faudra lui accorder le droit de choisir à la fois plusieurs maris — et

(1) Naquet, *Le Divorce*, p. 3.

ajouter alors des articles inédits au chapitre de la paternité.

Il faudra, au besoin, permettre le sacrifice des femmes sur le bûcher de leurs maris, comme dans l'Inde. Il faudra réglementer aussi l'exposition des enfants, et édicter une foule d'autres chinoiseries pour sauvegarder le grand principe de la « liberté de conscience » !

Ces conséquences absurdes achèvent de démontrer combien est vicieux le principe sur lequel on s'appuie pour demander, au profit de tels sectateurs, ou de tels philosophes, la liberté absolue du divorce et de la répudiation.

Si, en matière de mariage, le législateur se basait sur la liberté des cultes et la liberté de conscience pour se conformer à toutes les règles des religions ou à toutes les convenances disparates des « libres penseurs », on arriverait à une codification insensée; le Code rappellerait la tour de Babel, de biblique mémoire.

Il n'en peut être ainsi, dans un grand pays comme le nôtre. Quand le législateur proclame,— non pas au nom d'une religion déterminée,—mais au nom des devoirs de l'homme, au nom de l'intérêt général, un grand principe « social » comme l'indissolubilité du mariage civil ou l'indivisibilité de la famille légitime, il édicte une règle d'*ordre public*, également applicable à tous les citoyens, sans distinction de cultes ou de croyances philosophiques.

La nation est homogène. La loi doit être une. Et c'est précisément cette unité nationale qui constitue la vraie force de la France.

CHAPITRE III.

La liberté des conventions. — Le mariage est-il un contrat comme les autres? — Le mariage est-il une société vulgaire? — Les époux ne sont pas les seules parties contractantes. — Droits des tiers. — L'intérêt des enfants et l'intérêt public. — Distinction entre le contrat de mariage et l'acte de l'état civil. — Prohibitions légales.

§ 1er.

Les promoteurs du divorce s'appuient souvent sur une troisième base d'argumentation. Voici ce qu'ils disent :

« Depuis 1789, le mariage est devenu chez nous un contrat civil ; par conséquent, il doit obéir aux principes généraux qui régissent tous les contrats civils. Et ces principes sont qu'un contrat civil peut toujours être dissous dans deux conditions particulières.

« La première de ces conditions, c'est quand les deux auteurs du contrat sont d'accord pour le dissoudre.

« La deuxième, c'est quand un des auteurs

du contrat n'a pas tenu ses engagements vis-à-vis de l'autre, et que ce dernier, pour cause d'inexécution, en demande la résiliation.

« Si donc le mariage est un contrat civil, il doit être susceptible de résolution, comme tous les autres contrats civils (1). »

Ainsi, voilà qui est clair : le mariage est un contrat « comme tous les autres ». Point de différence !

Le mariage ressemble à une vente ! Pour un peu les réformateurs les plus avancés vont reculer jusqu'aux mœurs les plus antiques. On va nous faire revenir à la *coemptio* des Romains et à la *mancipatio per œs et libram !* On va comparer la femme à une marchandise, et l'on va nous dire qu'on peut la vendre « à réméré » ou l'acheter, en donnant des arrhes, sous « condition suspensive » !

Le mariage ressemble à un prêt à usage ! L'article 1888 du Code civil dit : « Le prêteur ne peut retirer la chose prêtée qu'après le terme convenu, ou, à défaut de convention, qu'après qu'elle a servi à l'usage pour lequel elle a été empruntée. » Voilà qui, au point de vue du prêt matrimonial, va nous ouvrir des horizons nouveaux !

---

(1) Discours de M. Naquet à la Chambre des députés. *Journal officiel* du 28 mai 1879.

Lorsqu'un père de famille prête à son gendre une fille dont il connaît les défauts, il doit être responsable.

« Lorsque la chose prêtée (la femme) a des défauts tels, qu'elle puisse causer un préjudice à celui qui s'en sert (le mari), le prêteur (le beau-père) est responsable s'il connaissait les défauts et n'en a pas averti l'emprunteur. » La loi des contrats est formelle: article 1891 du Code civil.

Le prêt matrimonial peut se résilier « comme tous les contrats ».

Et « si, pendant la durée du prêt, l'emprunteur a été obligé, pour la conservation de la chose, à quelque dépense extraordinaire, nécessaire, et tellement urgente qu'il n'ait pu en prévenir le prêteur (le beau-père), celui-ci sera tenu de les lui rembourser. » Article 1890.

De son côté, si le prêteur, après la résolution du contrat, a le droit de se plaindre du préjudice causé à l'objet prêté (la fille et son capital) il pourra réclamer de justes dommages-intérêts.

Le mariage ressemble aussi à un bail ! Les époux pourront donc se quitter, au terme convenu. Et les enfants qui peuplent le domicile conjugal? Ils seront sans doute assimilés au cheptel qui garnit un domaine, et dès lors les règles ordinaires du droit civil disposeront de leur destinée. Article 1804 : « Le bail à cheptel simple est un contrat par lequel on donne à un autre des bestiaux à garder, à nourrir et soigner. » — Article 1806 : « Le preneur doit les soins d'un *bon père de famille* à la conservation du cheptel. » — Article 1816 : « Le bailleur peut demander la résolution du contrat si le preneur ne remplit pas ses obligations. »

A la fin du bail, lors de la séparation, le bailleur « prélèvera des bêtes de chaque espèce » (filles et garçons), et s'il y a un excédant sur le nombre prévu lors du contrat, on partagera l'excédant du croît. (Article 1817).

Ce que nous venons de dire est-il un simple badinage? Non. C'est, sous une forme humoristique, la conséquence extrême du principe que nous combattons.

Et d'abord, n'est-ce pas déjà indignement rabaisser le mariage que de le comparer à « tous les autres contrats civils ? » N'est-ce pas se faire une triste idée de l'amour et de l'union sublime qui rapproche deux époux? N'est-ce pas avoir une singulière opinion de l'œuvre créatrice qui, sous les auspices de la loi, a noué à jamais les liens sacrés de la famille ?

Ne pas faire la moindre différence entre le mariage et tous les autres contrats de la vie réelle, n'est-ce pas dire que l'hymen ressemble à une vente, à un prêt ou à un bail?

Si le mariage est, — comme on le dit, — un contrat ordinaire ; si c'est un contrat conditionnel, qui peut être résolu, au gré des parties contractantes, et « même à la volonté d'un seul des époux », — comme le prétend M. Naquet, — qu'arrivera-t-il? On se mariera « à l'essai! » On s'épousera « sous condition »! On aura un foyer « provisoire »! On engendrera « à titre précaire » des enfants qui, d'un jour à l'autre, pourront voir leur famille dispersée, anéantie, par le caprice de leurs père et mère!

Eh bien, dans de telles circonstances, le mariage sera tellement avili, qu'il faudra donner un autre nom à un pareil contrat. Ce ne sera plus le mariage; ce sera un nouveau genre de louage. Nous avons déjà le « louage d'ouvrage », nous aurons le « louage conjugal ». La femme sera mise en location ; en la prévenant un peu à l'avance, on pourra lui donner « congé ».

N'avons-nous pas raison de prétendre que les enfants seront alors traités comme un cheptel de métairie?...

§ 2.

Mais — dira-t-on — en fait de comparaison, il est plus juste d'assimiler le mariage au contrat de société.

Soit.— Voyons si l'on peut davantage comparer la société domestique, la famille, à une société vulgaire, fondée, par exemple, pour l'exploitation d'une mine ou d'une maison industrielle.

La Société, d'après les principes généraux de notre droit civil, « est un contrat par lequel deux ou plusieurs personnes conviennent de mettre quelque chose en commun, dans la vue de partager le bénéfice qui en pourra résulter. »

« Chaque associé doit apporter ou de l'argent, ou d'autres biens, ou son industrie.

« Toute société doit être contractée pour l'intérêt commun des parties.

« La société finit par l'expiration du temps pour lequel elle a été contractée, ou par la volonté qu'un seul ou plusieurs expriment de ne plus être en société.

« La dissolution de la société par la volonté de l'une des parties ne s'applique qu'aux sociétés dont la durée est illimitée.

« La dissolution des sociétés à terme ne peut être demandée par l'un des associés avant le temps convenu, qu'autant qu'il y a de justes motifs, comme lorsqu'un autre associé manque à ses engagements, ou qu'une infirmité habituelle le rend inhabile aux affaires de la société, ou autres cas semblables, dont la légitimité et la gravité sont laissées à l'arbitrage des juges (1). »

---

(1) Articles 1832 et suiv. du Code civil.

Voilà quelles sont les règles principales de notre Droit en matière de société.

Eh bien, que faut-il en conclure? si ce n'est que la société conjugale n'est pas une association vulgaire où un homme et une femme se bornent à apporter de l'argent pour vivre ensemble et partager des bénéfices.

Les conventions pécuniaires sont ici un minime accessoire.

Est-il besoin d'insister sur ce point? C'est l'évidence même.

Le principe du mariage a un caractère sacré : c'est l'amour que le Créateur a allumé dans le cœur de l'homme. Le but de l'union conjugale est, non pas de gérer des biens ou de manier des titres au porteur, mais de remplir légitimement le vœu de la nature, d'avoir une compagne à son foyer, de créer des enfants et d'accomplir honnêtement sa mission sociale.

Quant aux résultats naturels de cette union intime, ils durent indéfiniment; ils sont irrévocables.

La société domestique n'a donc, ni dans sa cause, ni dans son objet, ni dans ses effets, le caractère d'une société vulgaire.

Les actions qu'elle suggère sont inappréciables ; les obligations qu'elle impose sont incessibles; les droits qu'elle confère sont absolument inaliénables.

D'autre part, le mariage n'a pas été contracté seulement « dans l'intérêt commun » du mari et de la femme. C'est là encore ce que les apôtres du divorce semblent méconnaître, — et c'est précisément le nœud de la question.

« Le mariage, — comme le disait fort bien Cambacérès, lors de la discussion sur le divorce, — le mariage est un contrat dans lequel les enfants sont des *tiers intéressés*. Or, s'il est vrai de dire que la convention peut être annulée par la volonté de ceux qui l'ont formée, il est également vrai de dire qu'elle doit subsister si, en la détruisant, on préjudicie à des tiers.

« Qui peut douter, ajoutait-il, que des enfants n'aient à souffrir d'une résolution qui les rend orphelins et qui, pour ainsi dire, ne leur laisse plus de maison, de famille (1). »

Portalis disait aussi, avec sa haute autorité :

« Le pouvoir civil n'intervient dans le contrat d'union des époux que *parce qu'il représente l'enfant à naître, seul objet social du mariage*, et qu'il accepte l'engagement qu'ils prennent, en sa présence, de lui donner l'être.

« Dans les sociétés ordinaires, on stipule pour soi; *dans le mariage, on stipule pour autrui*.

« Le pouvoir y stipule dans les intérêts de l'enfant, puisque la plupart des clauses matri-

---

(1) Locré, *Législation de la France*, V, p. 67.

moniales sont relatives à la survenance des enfants, et que même il accepte quelquefois certains avantages particuliers, stipulés d'avance en faveur d'un enfant à naître, dans un certain ordre de naissance et de sexe; et, ministre du lien qui doit lui donner l'existence, il en garantit *la stabilité* qui doit assurer sa conservation.

« L'engagement est donc réellement formé entre trois personnes, présentes ou représentées; car le pouvoir public qui précède la famille et qui lui survit, représente toujours dans la famille la personne absente, soit l'enfant avant sa naissance, soit le père après sa mort.

« L'engagement, formé entre trois, ne peut donc être rompu par deux, *au préjudice des tiers*, puisque cette troisième personne, l'enfant, est, sinon la première, du moins la plus importante; que c'est à elle seule que tout se rapporte, et qu'elle est *la raison de l'union sociale des deux autres* (1). »

Il y a là une profonde vérité qui passe souvent inaperçue, aux yeux des gens qui regardent superficiellement la question du divorce. Nous devons donc insister sur ce point.

Oui, on ne saurait trop le faire remarquer, si le Pouvoir public intervient dans le mariage

---

(1) Locré, V, p. 437.

civil, c'est surtout, c'est seulement à cause de l'enfant.

Et, en effet, si le mariage devait toujours se borner à la simple cohabitation d'un homme et d'une femme, ayant pour but exclusif leur agrément *personnel*, la Société n'aurait pas besoin d'intervenir. A quoi bon?

Si l'homme et la femme se réunissaient par amitié, comme se réunissent deux camarades, pour vivre à la même table et sous le même toit, qu'arriverait-il? Du jour où l'incompatibilité surviendrait, les deux compagnons se quitteraient pour aller quérir ailleurs le bonheur individuel. Qu'importerait à l'État? Il n'en aurait cure. Qui serait lésé? Personne. L'ordre public serait-il atteint? En aucune façon. — La Société n'est pas troublée lorsque deux amis ne s'aiment plus et se disent adieu.

Mais il n'en va pas ainsi dans l'ordre habituel des choses de l'amour.

La création de l'enfant est le but normal et, comme l'a dit Portalis, « l'objet social » du mariage. L'homme a besoin de vivre au milieu d'un foyer d'intimité où se concentrent ses plus vives affections, où viennent se grouper les êtres qu'il a enfantés et qui seront les héritiers naturels et légitimes de son nom, de ses œuvres et de sa fortune. Le mariage devient alors un des fermes soutiens de la « propriété », car l'homme qui espère transmettre ses biens à ses descendants, nourrit en son cœur un noble sentiment, qui encourage le travail, facilite l'épargne et favorise le développement de la richesse, — toutes choses que ne produit pas « l'union libre ». Les concubins, en effet, désirent être stériles; d'ordinaire, si l'enfant survient, malgré eux, comme un intrus, dans leur « faux ménage », ils le tuent ou l'abandonnent; loin d'augmenter leur fortune, par prudence, ils gaspillent leur pécule en dépenses folles; et, finalement, ils se quittent, après avoir formé une association éphémère, sans racine et sans but, qui a été un objet de scandale ou une cause de désordre pour la société.

Voilà pourquoi le Pouvoir public est vraiment intéressé à intervenir au contrat civil des époux et à maintenir, en principe, la « stabilité » du mariage, qui assure à l'enfant légitime un état civil, une éducation, un foyer, un patrimoine, et qui conserve, au grand avantage de l'Etat, l'unité de la famille.

Voilà pourquoi le mariage n'est pas comme un bail, qui se résilie aisément par un congé.

Voilà pourquoi l'union conjugale n'est pas comme une vente qui se résout par l'inexécution des engagements.

Voilà pourquoi la société domestique n'est pas comme une société ordinaire qui, du jour au lendemain, peut être rompue « par la volonté de l'un des associés ».

Après la résiliation du bail, on fait des réparations; tout est remis en état.

Après la résolution d'une vente, on restitue et la chose et le prix; on est quitte.

Après la dissolution d'une société, on liquide, et tout est terminé.

Voilà pour les « contrats ordinaires ».

Mais le mariage est un fait, un évènement social, qui produit des effets durables et des résultats naturels qu'aucune convention ne saurait effacer.

On peut refaire un sous-seing; on ne refait pas une virginité. On peut déchirer un contrat; on ne peut briser les liens du sang. On peut partager un bénéfice; on ne peut partager un enfant!

§ 3.

Donc, ils se trompent, à tous égards, ceux qui assimilent le mariage à « tous les autres contrats » et veulent lui appliquer les règles des conventions ordinaires.

En dehors des considérations que nous venons de faire valoir, le Code civil lui-même démontre combien grande est l'erreur de M. Naquet et de ses disciples. On sait que ce qui forme le mariage, ce n'est point le « contrat de mariage » passé par-devant notaire, — contrat qui règle accessoirement la situation pécuniaire des époux ; ce qui constitue, en réalité, l'union conjugale, ce qui est la base de la famille légitime, c'est « l'acte de mariage », c'est-à-dire le pacte scellé devant l'officier de l'état civil.

Or, ce pacte solennel ne porte pas « sur des choses qui sont dans le commerce ». Et, le principe qui s'applique aux contrats ordinaires est précisément celui-ci : « *Il n'y a que les choses qui sont dans le commerce qui puissent être l'objet des conventions.* » (Article 1128 du Code civil).

Qu'en résulte-t-il ? Comme tous les droits et toutes les obligations qui dérivent du mariage, de la paternité, de la filiation, sont évidemment inaliénables et imprescriptibles, il en résulte forcément que le mariage n'est pas, aux yeux de la loi, un « contrat ordinaire » ; et qu'on ne peut lui appliquer les règles habituelles des autres « conventions ».

Ce qui, légalement, établit encore cette vérité, — elle devrait, ce semble, s'imposer d'elle-même à tous les esprits, — c'est que si l'on peut transiger sur les objets habituels des contrats, on ne peut, au contraire, transiger « sur l'état civil des personnes ». Il est impossible de renoncer à ses droits de famille et de déchirer à sa guise, — non pas une *convention privée*, — mais les *actes officiels* de l'état civil. Tout ce qui tient à « l'état » des personnes est « d'ordre public » et, par conséquent, supérieur aux conventions particulières. C'est indiscutable.

Le Code civil le déclare, du reste, d'une façon formelle, au sujet des époux :

« Les époux ne peuvent déroger ni aux droits résultant de la puissance maritale sur la personne de la femme et des enfants, ou qui appartiennent au mari comme chef, ni aux droits conférés au survivant des époux par le titre de la *puissance paternelle* et par le titre de la *minorité*, de la *tutelle* et de l'*émancipation*, ni aux dispositions prohibitives du présent Code. » (Art. 1388 du Code civil.)

Le Code, en effet, prohibe une série de conventions; et, en vérité, il est assez singulier de croire que, même en dehors du « droit des tiers », les parties contractantes ont une liberté absolue.

Eh bien! de par la loi, non seulement les époux ne peuvent transiger sur les droits de famille résultant des « actes de l'état civil », mais ils ne peuvent pas même modifier les clauses de leur « contrat de mariage », au sujet des intérêts pécuniaires! Ces conventions, dit l'article 1395, « ne peuvent recevoir aucun changement après la célébration du mariage. »

La loi défend aussi, d'une manière générale,

d'exécuter les conventions illicites; or, « la cause est illicite, quand elle est prohibée par la loi, quand elle est contraire aux bonnes mœurs ou à l'ordre public. » (Art. 1133 du Code civil).

Par conséquent, les deux époux qui ont fait un pacte avec le Pouvoir public, devant l'officier de l'état civil, ne peuvent, par leur seule volonté, briser ce pacte où d'autres personnes sont intervenues et sont intéressées; ils ne peuvent détruire de leurs propres mains cet acte sacramentel, qui est le fondement inébranlable des droits de famille; ils ne peuvent, à eux deux, accomplir cette destruction, au mépris de leurs enfants, au mépris des bonnes mœurs et de l'ordre public.

On voit donc qu'ici encore, « les principes généraux de notre droit », invoqués par M. Naquet, se retournent précisément contre la thèse de l'honorable député.

Les règles de notre législation démontrent jusqu'à l'évidence que le mariage n'est pas un contrat « comme tous les autres » et qu'en somme, si l'on ne peut réclamer le divorce ni au nom de la liberté individuelle, ni au nom de la liberté de conscience, on ne peut le réclamer davantage au nom de la liberté des conventions.

TITRE V

La Famille.

CHAPITRE PREMIER.

Le divorce et l'indissolubilité de la famille. — Naissance de l'enfant. — Conséquences naturelles de la paternité. — Les principes du droit civil. — La famille légitime. — Liens qui unissent le père, la mère et l'enfant.

§ 1er.

D'ordinaire, les partisans du divorce soutiennent que, si le père et la mère ont des discussions domestiques ou ne remplissent pas certains engagements, ils peuvent demander la dissolution de la famille et devenir civilement étrangers l'un à l'autre.

La famille peut-elle réellement être dissoute par le divorce ?

Nous répondons fermement : Non.

Le mariage, nous venons de le voir, n'est pas seulement un contrat privé, passé entre deux personnes libres, qui peuvent, à leur fantaisie, résilier leurs conventions et remettre, après coup, toutes choses en état.

L'acte de mariage est un acte officiel qui porte sur l'état civil des personnes ; c'est un contrat public, qui est la source d'où découlent les droits et les devoirs inaliénables de la famille. Les deux époux — qui du reste ne sont pas seuls en cause — ne peuvent déchirer à leur guise un pareil acte.

Le mariage lui-même est un fait qui, surtout en cas de procréation d'enfants, a des conséquences naturelles, indéfinies, irrévocables.

Lorsqu'un homme et une femme, légitimement unis, vont avoir un enfant, c'est alors que le mariage a suivi son évolution régulière ; c'est alors que l'union conjugale est vraiment « consommée » ; c'est alors que la famille est constituée.

Quels sentiments ne viennent pas envahir le cœur de deux époux qui vont revivre tous deux dans l'être qu'ils ont créé ?

Ah ! comme Michelet, cette âme si profondément humaine, a bien senti la grandeur de ce fait sublime, la création, qui achève de sceller l'union conjugale !

Ecoutez :

« Un cri inouï, qui n'est pas de ce monde-ci, qui n'est pas de notre espèce, ce semble, cri aigu et sauvage, nous perce l'oreille. Une petite masse sanglante est tombée...

« Et voilà l'homme! Salut, pauvre naufragé!

« La mère était anéantie, mais elle rouvre vivement les yeux: O mon enfant, te voilà donc!

« Et, tendant la main au mari, demi-mort: J'étais résignée, j'acceptais de mourir pour toi! »

Michelet ajoute, avec un suprême accent de vérité: « Voilà *un pacte* bien fort entre eux, qui s'est fait dans un jour, un bien sérieux mariage, le contrat de la douleur.

« Elle l'aime, et lui tient *maintenant* par un lien que le plaisir n'eût formé jamais: elle l'aime, marquée par lui d'une *ineffaçable marque*; elle l'aime pour le sang qu'elle verse et pour sa chair déchirée.

« Lui, il l'aime pour l'angoisse et l'agonie de frayeur où il s'est trouvé, sans force, plus frappé qu'elle et plus défait qu'au tombeau. Il a été dompté, ce jour, par la terreur et la pitié. Le faible a vaincu le fort. Elle l'a marqué, à sa manière, d'une ineffaçable empreinte de crainte et de douleur.

« Quel lien d'être morts ensemble, je veux

dire d'avoir ensemble vu, senti de si près la mort (1). »

Oui, après cette émouvante épreuve, qui donne la vie à un enfant ; après cette œuvre créatrice d'un père et d'une mère intimement confondus ; après la naissance de cet être aimé qui est leur chair, leur sang, leur vie, leur âme, le mari et la femme sont matériellement et moralement unis par des liens indissolubles: *tres in carne unâ.*

C'en est fait; dès que la famille est ainsi constituée, la nature imprime, sur le front des êtres humains qui la composent, un sceau indélébile. Un fils ne peut dire : « Mon père s'est mal conduit à mon égard, je ne suis plus son fils, je ne veux plus porter son nom! »

Un père ne peut point s'écrier : « Mon fils est un ingrat, un insolent; il a osé me frapper; je ne suis plus son père! »

De même un père, chef d'une famille, ne peut dire : « Ma femme, la mère de mon fils, m'a outragé ; je ne suis plus son époux ; je lui suis désormais étranger! »

De même encore, une femme, une mère, ne peut s'écrier devant des juges : « Il y a incompatibilité entre mon mari et moi ; nous avons eu hier une querelle ; mes enfants sont insup-

(1) Michelet, *l'Amour*, p. 224.

portables; je ne veux plus appartenir à cette famille ! »

Non ! non ! ces triples liens qui unissent le père, la mère et l'enfant, ne peuvent être brisés. Ne le sentez-vous pas ?

Le mariage, la paternité, la filiation légitime créent, entre les membres de la famille, des rapports naturels et civils qu'aucune volonté humaine n'a le pouvoir de rompre.

Vous aurez beau vouloir et beau faire, votre fils sera toujours votre fils; votre femme légitime sera toujours la mère de votre enfant, et, à ce double titre, elle fera toujours partie de la « famille » que vous avez créée.

C'est incontestable.

Quand, au milieu des soucis de l'existence, il survient, un jour, quelque orage dans le ciel conjugal ; quand tel ou tel membre de la famille méconnaît un instant ses devoirs privés, est-ce une raison pour que le père divorce et déserte son foyer ? Est-ce une raison pour que le chef de famille renvoie la mère de ses enfants dans les bras d'un autre homme ? — Non.

Le père ne peut divorcer avec le fils, quels que soient ses torts. Eh bien ! pourquoi le père pourrait-il davantage divorcer avec la mère ? Tous trois sont solidaires, devant la société. Si le père ne peut divorcer avec un enfant, si les liens naturels subsistent entre eux pendant toute leur vie, un père ne peut devenir à jamais étranger à la mère de ses enfants, qui, comme eux, porte son nom et son « empreinte ineffaçable ».

Écoutez ce que dit encore Michelet, à propos des effets naturels et physiologiques de la paternité :

« Quoi qu'il advienne, dit-il sagement au mari, et quand même elle faiblirait, ne quittez jamais la chère femme de votre jeunesse. Si elle a failli, d'autant plus elle a besoin de vous. Si elle est humble, repentante, il faut la traiter en malade, la soigner, la cacher. Si de mauvaises influences l'ont pervertie, il faut, sans perdre une minute, l'éloigner, la placer dans un meilleur milieu, agir avec force et modération, la corriger doucement.

« *Elle est vôtre, quoi qu'elle ait fait.* La solidarité du nom, le mélange profond et complet de l'existence physique, rend la séparation illusoire. La femme fécondée, une fois imprégnée, portera partout son mari en elle. Voilà ce qui est démontré. Combien dure cette première imprégnation ? Dix ans ? Vingt ans ? Toute la vie ?... Ce qui est sûr, c'est que la veuve a souvent du second mari des enfants semblables au premier.

« Elle s'est donnée toute au mariage. Que portera-t-elle ailleurs ?

« Elle vous appartient à ce point que, même si l'amant la féconde, c'est un enfant de vous et marqué de vos traits qu'elle lui donnera, le plus souvent. Il aura cette punition de voir qu'il n'aura pu avoir d'elle rien de réel ni de profond, et que dans le point capital, l'union génératrice, il n'a pu la rendre infidèle.

« Que serait-ce si l'infortunée était bientôt délaissée, expulsée? Si ayant perdu son foyer, elle n'avait pas même le toit de celui qui n'a voulu d'elle que la volupté d'un moment? Ne laissez pas une femme que vous avez aimée, qui fut et qui est vôtre, au hasard de cette aventure. Rarement, elle l'affronte elle-même; rarement, si elle est trop maltraitée, elle quitte sa maison, la maison de ses habitudes, et où peut-être elle aime encore. Cela est bizarre, mais certain : plus d'une qui a eu un caprice tient encore plus à son mari qu'à l'objet de ce goût passager ; et, s'il fallait décidément choisir, elle choisirait plutôt celui qui l'eut vierge, celui qu'elle a dans le sang et dont sa vie est la vie. »

Nous ne voulons point citer ici les Pères de l'Eglise, que M. Naquet et ses disciples pourraient avoir en suspicion à cet égard ; mais, après Michelet, nous pouvons citer encore M. Jules Simon.

« Où ai-je pris le tableau de la famille? Est-ce une utopie? Non. C'est la nature; et j'y trouve l'*union indissoluble* de l'homme et de la femme, d'un homme et d'une femme, la puissance du mari, la puissance du père. C'est donc la nature plutôt que la loi qui oblige le mari à rester fidèle à sa femme, à la protéger, à la nourrir, à la gouverner, elle et son enfant; le fils à obéir jusqu'à l'entier développement de sa raison, à aimer et à respecter toute la vie ses parents. Supprimez tous les codes, et ces obligations resteront les mêmes, parce qu'elles sont fondées sur la nature des choses et sur la morale (1). »

Oui, tout ce qui appartient à la famille est irrévocable : on ne peut cesser d'être membre de cette société intime, qui a pour base la paternité et la maternité légitimes.

Si la loi civile admet le divorce, nous ne disons pas entre un homme et une femme, mais entre un père et une mère, tous les liens de la famille sont rompus *civilement*, soit! Mais qui ne voit et ne sent, au fond de sa conscience, que cette violence légale entraînera une rupture artificielle, fictive, illusoire, et que les liens naturels subsisteront toujours, et quand même, entre le père, la mère et l'enfant, malgré tous les arrêts judiciaires et toutes les formules exécutoires!

(1) Jules Simon, *La Liberté*, I, p. 283.

Là est véritablement le nœud de la question du divorce.

Puisqu'une rupture absolue, entre un père, une mère et des enfants, est naturellement impossible, la loi (qui a elle-même consacré l'unité de la famille) peut-elle brutalement dissoudre l'œuvre indissoluble de la nature ?

Le bon sens dit non.

§ 2.

Laissons la physiologie et le droit naturel. Plaçons-nous maintenant au point de vue du droit civil, et voyons si, encore à cet égard, « la famille » n'est pas forcément indivisible.

L'accouplement, lorsqu'il n'est soumis à aucune règle, à aucune loi, n'est d'ordinaire qu'un commerce passager, dont le plaisir est le seul mobile et le seul but; c'est une association momentanée qui n'offre aucune garantie ni pour la femme, ni pour l'enfant. L'union libre, au milieu des artifices et des raffinements de la civilisation, n'est qu'une des formes du libertinage.

Or, l'homme qui vit en société, doit donner à ses facultés physiques et morales la destination la plus avantageuse pour l'ordre social ; il doit, au besoin, se sacrifier pour le bien public.

Lorsqu'un homme se respecte et veut remplir honnêtement son rôle, il ne doit pas lui suffire de séduire des filles, de donner la vie à des enfants et de les abandonner cyniquement, avec l'insouciance d'un méchant animal. Il doit toujours protéger la femme qu'il a rendue mère ; il doit toujours aimer, instruire et élever l'enfant qu'il a créé. Ce qu'il faut à la patrie, ce ne sont pas des fœtus ambulants, des parias sans famille, des êtres déclassés ; ce sont des fils, des hommes, des citoyens.

Eh bien ! c'est le mariage seul qui, en sauvegardant la dignité de l'homme, donne de la sécurité à la mère et à l'enfant. C'est le mariage seul qui fonde les familles. Et comme ce sont les familles qui constituent l'Etat, en tout pays civilisé chaque gouvernement a établi des formalités qui assurent la validité de l'union conjugale.

Lorsqu'un homme et une femme s'unissent d'une façon légitime, il n'existe pas seulement une « convention » entre ces deux époux, comme feignent de le croire les partisans du divorce radical, il existe un pacte entre les époux et leurs parents respectifs, qui ont apporté leur consentement ; d'autre part, le Pouvoir public est intervenu aussi au contrat, au nom des enfants à naître, et au nom de la Société.

Ce contrat, formé ainsi entre trois groupes

de personnes, — les époux, les parents, le Pouvoir public, — est inscrit officiellement sur les registres de « l'état civil ».

Ce pacte est, en définitive, le principe de toutes les relations de l'ordre social.

La femme doit porter désormais le nom de son mari, et les enfants, comme leur mère, porteront le nom du chef de famille.

Le jour où les époux comparaissent devant l'officier de l'état civil, délégué du Pouvoir public, ils prennent d'abord des engagements dans leur intérêt personnel ; ils se promettent mutuellement « fidélité, secours et assistance ». Le mari doit « protection » à sa femme, la femme doit « obéissance » à son mari. On voit déjà que, dans le mariage, il ne s'agit pas uniquement des plaisirs de l'amour, mais qu'au contraire la loi civile, considérant le caractère sérieux et durable de l'union conjugale, prévoit les épreuves sérieuses qui incomberont aux époux dans le cours de la vie.

Les deux conjoints s'engagent aussi, et principalement, à accomplir une œuvre commune : l'éducation des enfants à qui ils ont donné l'être. « Les époux, — dit la loi (1) — contractent *ensemble*, par le seul fait du mariage, l'obligation de nourrir, entretenir et élever leurs enfants. »

---

(1) Article 203 du Code civil.

La procréation de l'enfant est un fait prévu lors du contrat; et lorsque cet évènement se produit, il impose au père et à la mère des obligations indivisibles.

Les parents doivent conserver l'être humain dont ils ont librement voulu devenir la cause effective. Ils lui ont, par cet acte, donné des droits, et leur autorité leur crée une responsabilité inévitable. Ces droits et ces devoirs réciproques doivent durer toute la vie.

Lorsqu'ils sont venus au monde, le Code assure aux enfants légitimes le bénéfice de leur « état civil. » Ils ont une place régulière dans la société. Leur « acte de naissance » leur donne un nom et cimente l'union naturelle qui existe entre eux et leurs parents. Les liens du sang se trouvent resserrés encore par la parenté légitime. Le lien naturel se trouve connexe avec le lien civil et puise ainsi une nouvelle force dans l'autorité de la loi.

Donc, lorsque la loi positive, venant se greffer en quelque sorte sur la loi de nature, a placé l'union conjugale sous son égide; lorsqu'elle a donné des droits à l'enfant; lorsqu'elle a imposé aux époux des devoirs austères, impérieux, qui correspondent aux sentiments les plus intimes de la paternité et de la maternité, elle a noué des liens qui sont doublement indissolubles.

Le père, la mère, l'enfant forment une trinité domestique, qui devient une unité sociale : la famille.

Ce groupe de personnalités a son rang dans la société, à côté d'autres groupes analogues. Chaque famille a pour symbole d'unité le nom patronymique qui a été enregistré par l'officier de l'état civil. Ce nom est un signe de ralliement. Ce titre honorable est un véritable patrimoine ; c'est parfois une fortune.

Le lien social dont nous parlons unit avec tant de consistance le père, la mère et l'enfant, après la signature de l'acte de l'état civil, ce lien légal est tellement indissoluble, que l'*adoption* même, cette paternité fictive, crée entre le père, la mère et l'enfant adoptifs, des effets irrévocables aux yeux de la loi.

Quelle doit être alors l'indissolubilité du lien civil, lorsqu'il s'agit, non pas d'une adoption, mais d'une famille véritable, fondée sur la génération et sur toutes les conséquences réelles du mariage !

Ce n'est pas tout. Le père, qui est à la tête du groupe social auquel il a donné son nom, a autorité sur sa femme et sur ses enfants.

Il a la puissance maritale ; il a la puissance paternelle. Le *paterfamilias* ne doit pas, ne peut pas abdiquer ; il faut qu'un homme commette des actes monstrueux pour que la loi lui enlève le sceptre qu'elle a placé entre ses mains.

Le Code civil donne donc au chef de la famille un pouvoir inaliénable. La puissance paternelle est une magistrature inamovible.

Or, nous le demandons, quelle serait la situation d'un père qui, grâce au divorce, verrait sa femme emmener ses enfants légitimes sous le toit d'un autre homme? Quels soins, quels exemples, quelle direction recevraient ces enfants? Ne serait-ce pas une honte que de les confier à un père fictif, alors que le père véritable serait vivant?...

La loi civile dit, d'autre part, que le père, chargé de diriger et d'élever sa famille, aura non seulement l'administration, mais la jouissance des biens personnels de ses jeunes enfants: c'est ce que l'on appelle « l'usufruit légal ».

Or, si le divorce était prononcé contre le mari, — pour des faits très pardonnables peut-être, un mouvement d'humeur ou de vivacité, — le père légitime n'aurait plus cet usufruit légal; et, si la mère de famille se remariait avec un autre individu, elle cesserait elle-même d'avoir cette jouissance (1); et, en fait, le second

(1) Telle était la règle tracée par l'article 386 du Code civil, abrogé depuis l'abolition du divorce.

mari pourrait, la plupart du temps, administrer une fortune étrangère au profit de ses propres enfants.

Poursuivons.

Le Code, conformément à la loi morale, dit que « l'enfant, à tout âge, doit honneur et respect à ses père et mère. »

Eh bien, les enfants pourront-ils honorer et respecter leurs parents s'ils voient leur mère, dépouillée du nom patronymique, devenir soudain une inconnue pour leur père légitime?

Et quelles seront leurs pensées s'ils voient leur père amener une autre personne au foyer domestique et prodiguer à cette femme les soins qu'il refuse à leur mère?...

Nous reviendrons sur ce point et sur d'autres encore, lorsque nous envisagerons le divorce au point de vue particulier des enfants. Pour le moment, nous nous bornons à dire qu'une institution qui rompt tous les liens de la famille doit amener fatalement le trouble dans la conscience de l'enfant légitime et arracher de son cœur le respect filial dont parle elle-même la loi civile. L'enfant a besoin d'aimer et de vénérer ses parents ; et c'est ce sentiment qui lui enseigne le respect de toute autorité légitime.

D'ailleurs, au milieu des périlleuses nécessités de la vie, l'enfant ne peut se passer de son père et de sa mère. On plaint, à juste titre, les malheureux que la mort a fait orphelins ; ne serait-il pas odieux de permettre aux parents de devancer cette cruelle rupture et de demander eux-mêmes au glaive de la loi une sorte de « mort civile », qui plongerait leurs enfants dans un deuil étrange, dans un orphelinage anticipé?

Donc, en nous plaçant, soit au regard du droit naturel, soit au point de vue des principes de notre droit positif et de l'organisation civile de la famille, nous ne pouvons admettre que, pour un caprice, une incartade, pour une discorde plus ou moins passagère, l'indissolubilité naturelle de la famille soit violemment rompue par une fiction légale.

Nous ne pouvons admettre que, pour une voie de fait qui pourra être regrettée et « effacée » (comme dans la belle pièce des *Fourchambault*), on sépare à jamais un père et une mère, sans tenir compte des conséquences ineffaçables du mariage et de la génération.

Nous ne pouvons admettre davantage que, pour une injure que le temps emportera, pour un outrage personnel fait à l'un des membres de la famille, les actes de l'état civil soient lacérés par la loi, qui doit les protéger, et jetés en lambeaux à la face de la Société, qui, elle-même, a pris part au pacte matrimonial, dans l'intérêt des enfants et de l'ordre public !...

Un mot encore pour achever de prouver que le divorce est une barbarie, lorsque les époux ont des enfants légitimes.

M. Emile de Girardin, — qui est partisan de l'union libre et qui admet, paraît-il, le divorce comme une transition vers le but qu'il poursuit : l'abolition du mariage, — M. Emile de Girardin, en répondant au R. P. Didon, vient d'écrire ces lignes :

« Non-seulement le divorce ne simplifie pas la question des enfants, mais il la complique.

Preuve :

Le mari et la femme n'ont qu'un enfant.

Les deux époux divorcent.

Lequel des deux gardera l'enfant ?

Si l'enfant est un petit garçon et qu'il adore sa mère, sera-ce au père qu'il sera adjugé ?

Si l'enfant est une petite fille et qu'elle idolâtre son père, sera-ce à la mère qu'elle sera confiée ?

O Salomon ! sors de ton royal sépulcre et sois juge suprême (1). »

On ne saurait mieux traduire le sentiment qui nous anime.

Non ! non ! on ne peut partager un enfant ! Et, lors même que Salomon en personne sortirait de son « royal sépulcre », un père et une

---

(1) Journal « *la France* », 19 novembre 1879.

mère ne pourraient accepter comme « juge suprême » un arbitre qui ordonnerait de prendre un glaive et de couper en deux un petit être qui n'en peut mais !

C'est là une vérité saisissante.

Et c'est justement pour cela qu'au nom de « l'indissolubilité de la famille », nous repoussons énergiquement le divorce, lorsqu'il existe des enfants.

CHAPITRE II.

Le divorce au point de vue du père et de la mère. — La solidarité du nom. — Les mauvais ménages. — A qui la faute ? — Pour qui sont « le bonheur du foyer et les joies de la famille ». — Le divorce d'un père et d'une mère serait illogique et souvent inutile.

§ 1er.

Mais, dira-t-on, la nature humaine n'est point parfaite. Il y aura toujours des causes de désunion dans certaines familles; il vaut mieux que les époux en désaccord puissent recouvrer leur liberté mutuelle et se remarier, pour avoir, chacun de leur côté, d'autres enfants légitimes. Pourquoi les enchaîner l'un à l'autre ?

« Que faites-vous, — s'écrie M. Naquet, — avec la séparation de corps? Vous prenez un homme que sa femme a trompé et dont elle traîne le nom dans la boue, et à cet homme vous dites: Vous êtes séparé de corps, mais cette femme continuera à porter votre nom et à le salir.

« Vous prenez une honnête femme, dont le

mari est condamné à une peine afflictive et infamante et vous lui dites : Tu porteras éternellement ce nom déshonoré (1). »

Nous répondons :

Oui, certes, il est fâcheux de porter un nom déshonoré. Mais cela est une conséquence de la solidarité de nom qui existe civilement entre tous les membres d'une même famille.

Lorsqu'on traite, en général, et en principe, la grande question du divorce, il faut envisager, non pas seulement l'homme et la femme, mais « la famille » qu'ils ont créée. Voilà le véritable point de vue auquel il faut se placer.

Eh bien ! est-ce que, de par la loi sur l'état civil, le fils n'est pas forcé de porter le nom de son père, lors même que celui-ci l'a déshonoré ? Et réciproquement, est-ce qu'un père et une mère ne sont pas obligés de porter le même nom que leur enfant, quand même celui-ci l'a souillé par ses débauches ou ses forfaits?

Pourquoi donc, s'il vous plait, la mère de famille ne devrait-elle plus porter le nom du mari qu'elle a choisi, puisque son enfant le porte toujours, et quand même? Est-ce qu'ils ne sont pas tous solidaires? Et d'ailleurs, est-ce qu'un devoir cesse d'être obligatoire parce qu'il est pénible et douloureux ?

---

(1) *Journal officiel*, 28 mai 1879, p. 4388.

§ 2.

« De plus, — ajoute M. Naquet, — à cet homme jeune, à cette femme jeune, vous dites : Oui, dans notre societé, il n'y a de véritables joies, il n'y a de véritable bonheur que le bonheur de la famille. Ce bonheur-là, puisque vous avez eu le malheur de vous tromper, il vous sera à jamais interdit ; vous êtes des maudits ! »

Nous répondons :

Assurément, le sort d'un mari et d'une femme, d'un père et d'une mère, qui sont séparés de corps, est peu digne d'envie. Qui le conteste ?

Mais, d'abord, à qui la faute ?

C'est la faute de l'un ou de l'autre ; souvent de tous les deux. C'est aussi la faute de leurs parents, qui devaient les diriger, les avertir.

Que s'est-il donc passé ? Avant le mariage, on a été guidé par l'intérêt, par la vanité, par l'orgueil ; on s'est préoccupé de la bourse, des domaines et des titres. On n'a pas même songé aux conditions nécessaires du bonheur, et l'on s'étonne ensuite d'être malheureux ? Mais ce qui serait étonnant, c'est que des époux, en pareille aventure, fùssent gens heureux !

Pas d'amour, pas de fiançailles ; mais une

« affaire » traitée par des « agents matrimoniaux. » Non-seulement on ne s'inquiète pas de l'affection vraie, ou même de la plus ordinaire sympathie, mais on n'a point souci des causes évidentes d'incompatibilité, des différences de goûts, des contrastes de caractères et des germes apparents de discorde. Lorsque l'intérêt est seul en jeu, on a hâte de conclure ; on redoute des difficultés avant le contrat ; on se moque de celles qui surviendront après. *Alea jacta est !* Voilà pour les « mariages d'argent ».

Bien souvent, guidé par l'ambition, altéré par la soif des honneurs, des galons, des « panaches », on se marie trop tard, lorsqu'on est usé, flétri, blasé ; ou bien l'on jette une jeune plébéienne largement dotée entre les bras d'un vieux patricien ruiné et décrépit. L'âge des époux est ridiculement disproportionné. Quoi de plus déraisonnable, alors, que la plupart de ces « mariages de raison », bâclés par la diplomatie, entre un cœur de roué et un cœur d'enfant ? La fidélité, en une telle occurrence, est une surprenante fantaisie du destin.

L'ouvrier n'a pas échappé à la tendance commune aux autres classes, qui fait que l'affection sincère, basée sur l'étude réfléchie des qualités morales du futur conjoint, prélude rarement aux unions conjugales. Chez les « bourgeois », c'est le coffre-fort qui sert de guide. Chez l'ouvrier des villes, le plus souvent c'est le hasard du voisinage ou un simple caprice qui décide un mariage. Le héros de « l'Assommoir » prend une femme comme il prendrait une maitresse. Si l'on ajoute à cela le manque d'éducation, les abus de l'alcool, et le reste, on ne doit pas s'étonner de voir, d'après la statistique, que la masse des époux séparés se recrute parmi la population ouvrière.

Voilà quelles sont les causes principales de la désunion des époux.

Au milieu de ces jeux de l'argent et du hasard, on joue le bonheur de sa vie. Tant pis, après tout, pour qui s'expose sottement à le perdre!

On a fait un « mauvais choix ». Est-ce la faute de la loi? de la société? du gouvernement? Non. C'est la faute de ceux qui ne savent pas se gouverner eux-mêmes, et qui sont mal venus ensuite à dire naïvement « qu'ils se sont trompés ».

Même dans les marchés ordinaires, (les mariages dont nous parlons ne sont-ils pas des marchés?) est-ce qu'on ne doit pas s'enquérir avant tout des vices apparents de la chose? Lorsqu'un financier fait une spéculation (combien de mariages sont de véritables spéculations?) le spéculateur est-il bien fondé à se plaindre et peut-il demander la résolution du contrat, parce que, après s'être mal renseigné, il ne voit pas se réaliser toutes ses prévisions et qu'il éprouve des désagréments? Non, n'est-ce pas? Il est bien forcé d'accepter toutes les conséquences regrettables d'un acte qu'il a fait lui-même.

Donc — en principe — lorsqu'un époux, en se mariant, a été assez sot ou assez téméraire pour faire un mauvais choix, une absurde spéculation, ou une imprudente association, il n'a pas le droit d'invoquer sa propre faute pour demander la résolution du contrat que l'intérêt, l'ambition ou la légèreté lui a fait signer.

Quand on « sème le vent » il sied mal de s'étonner si l'on « récolte la tempête ».

En général, après la conclusion des mariages où l'amour et la prudence font défaut, la « lune de miel » s'éclipse vite. L'indifférence arrive, et bientôt, le dégoût et la discorde. Les deux époux oublient qu'après le mariage l'heure du *devoir* a sonné. « Tous les caractères ayant plus ou moins leurs angles, il est bien difficile qu'un commerce de tous les instants ne donne pas lieu à des frottements qui ne seront rien ou qui seront beaucoup, selon la sagesse des hommes. Insister sur le mal c'est l'envenimer ; les piqûres deviennent des blessures, et les blessures deviennent des plaies. Se pardonner l'un à l'autre, se tolérer l'un l'autre, est le seul moyen de jouir sans amertume des belles et saines émotions de la vie domestique. Tolérer les travers et les défauts des hommes est un devoir de charité; mais, dans la famille, c'est un rigoureux devoir de prudence; car celui qui ne supporte rien n'est pas lui-même supporté. Ce qui doit nous rendre cette tolérance facile, c'est la pensée que chacun a ses défauts et qu'on n'a pas le droit d'exiger des autres la perfection que l'on ne s'impose pas à soi-même (1). » Eh bien, au lieu de chercher à conjurer l'orage, au lieu de se faire des concessions et de se pardonner des froissements inévitables, pour maintenir l'harmonie dans le ménage, les deux époux se querellent et s'abandonnent. Ils foulent aux pieds leurs obligations les plus saintes; ils oublient leurs enfants.

Il y a, dira-t-on sans doute, des exceptions; il y a, dans le nombre, des victimes innocentes qu'il faut plaindre.

Nous n'en disconvenons pas, et nous plaignons les époux sans reproches qui sont malheureux. Mais lorsqu'on traite, à un point de vue général, une question comme celle du divorce et de la famille, on ne peut s'arrêter à quelques situations particulières, assurément très-dignes d'intérêt et de commisération, comme

(1) Paul Janet, *La famille*, p. 19.

toutes les infortunes, mais qui, à elles seules, ne suffisent point pour faire admettre le divorce comme une règle universelle, comme un principe absolu, qui saperait dans sa base la stabilité des familles.

Ce que nous disons, c'est que souvent, très souvent, les époux désunis le sont par leur fait ; ils doivent imputer à eux-mêmes, à eux seuls, soit leur imprudence avant le contrat, soit leurs torts après le mariage.

Ils sont malheureux, dites-vous, ces époux mal assortis ou mal élevés, qui se querellent, qui s'injurent, qui se battent et se séparent ?

Mais, grand Dieu ! il y a bien d'autres malheurs qui viennent attrister la vie humaine ! On est bien forcé de les supporter avec résignation, ces accidents, ces revers, ces catastrophes ! Lorsqu'un homme est mutilé, infirme, il faut bien qu'il souffre le martyre, pendant toute sa vie. Lorsqu'un enfant perd ses parents, il faut bien qu'il se résigne à vivre à jamais orphelin. Lorsqu'un époux voit sa femme atteinte d'une longue et cruelle maladie, il est bien obligé de supporter, auprès d'elle, une existence douloureuse et de faire maints sacrifices. Lorsqu'une femme a un mari qui, au milieu du tourbillon dévorant des affaires, perd soudain ses facultés mentales, en même temps que sa fortune, et lorsqu'elle le place dans une maison de santé, ayant à peine l'espoir lointain d'une guérison, il faut bien que cette malheureuse supporte son sort avec courage et veille seule sur ses enfants !

Et remarquez que ces malheurs-là surviennent sans que la victime en soit responsable. Au contraire, lorsque deux époux ont le malheur d'être séparés, ils ont presque toujours des fautes à se reprocher ; ils doivent donc supporter, avec une bien plus juste résignation, la vie qu'ils se sont faite eux-mêmes. Somme toute, ceux-là ne sont pas trop à plaindre qui subissent, de la sorte, le châtiment de leur conduite. Ils portent dans la vie, le poids de leur responsabilité ; ils sont punis par où ils ont péché. C'est, dans ce monde, la conséquence fatale des actions mauvaises. Les époux désunis se châtient ou sont châtiés. D'ordinaire, c'est justice.

§ 3.

S'adressant aux époux séparés, M. Naquet leur dit : « Il n'y a de véritable bonheur que le bonheur du foyer, que les joies de la famille. Ce bonheur-là, vous sera à jamais interdit! »

On croirait, vraiment, que M. Naquet, dans cette larmoyante apostrophe, s'adresse aux forçats du célibat, à des eunuques ou à des capucins.

Pardon ! mais ils l'ont eu, leur « foyer domestique », ces époux qui vous apitoient; ils l'ont eu, et ils l'ont encore. Ils sont mariés ; ils ont des enfants. Ils ont un fils, une fille, qui leur tendent la main, — et ils boudent. Pourquoi ne veulent-ils pas se réconcilier ? La sagesse le leur commande, — et ils ne veulent pas être sages. Le plus souvent, il dépend d'eux de retrouver les plaisirs du mariage et les joies de la famille... Mais, au fait, sont-ils seulement capables de les bien comprendre, ces pures voluptés, eux qui ont été les premiers à les méconnaître ou à les sacrifier, de gaîté de cœur, pour se livrer sans frein à leurs passions ?

Voyons! — et ici nous faisons appel à la bonne foi de tous ceux qui ont l'expérience de la vie, — est-ce que, d'habitude, ce n'est pas précisément l'ennui du « foyer » et le dédain de ces « joies » calmes de « la famille » qui poussent le mari et la femme vers les plaisirs enivrants du dehors ? Est-ce que, dans certains milieux, ce n'est pas précisément l'uniformité de la vie conjugale qui fatigue les hommes blasés et les conduit au cabaret ? N'est-ce point là l'origine d'une foule de querelles ? N'est-ce point l'indifférence pour une épouse honnête et le dégoût du « ménage » qui jettent le père de famille dans le désordre? Si l'intérieur domestique est délaissé, c'est que la courtisane, deifiée par une littérature malsaine, réhabilitée en plein théâtre, est une syrène pour nombre de maris; c'est que la maternité, d'autre part, est regardée comme une déplaisante servitude. Le sens moral est atrophié ; on ne comprend plus les sentiments honnêtes, l'austérité, l'abnégation et le dévouement. On aime, de chaque côté, les plaisirs faciles ; on a soif de jouissances matérielles ; on fait litière de ses serments ; on oublie tout ce que l'on a promis ; on rejette, comme un fastidieux fardeau, les devoirs du mariage et les charges de la famille. Ce qui crée la « bigamie de fait », l'adultère, la discorde, et le reste, ce n'est pas « l'indissolubilité », comme le dit M. Legouvé (1), c'est bien plutôt, à notre avis, la légéreté, le scepticisme et l'immoralité.

M. Naquet dit que les époux séparés sont des « maudits ».

Mais ce sont eux-mêmes qui se sont maudits! Au lieu de s'aimer et de s'entr'aider, comme le veut la loi civile, de concert avec la morale, ils se sont détestés, ils se sont injuriés, ils se sont battus comme des rustres ; ou bien, ils

(1) *Histoire morale des femmes*, p. 200.

ont rompu en visière à la pudeur, ils ont mis le pied dans la débauche ; ils se sont moqués de la fidélité. Et, parce qu'ils ont trahi tous leurs devoirs, parce qu'ils ont fait mauvais ménage et scandalisé tout le monde, vous voulez leur permettre de divorcer et de se remarier ! Vous voulez leur faire goûter ailleurs les joies de la paternité ? Qu'en ont-ils fait ? Se sont-ils préoccupés, au moins, de ces pauvres créatures, dont la présence seule eût dû les empêcher de songer à la séparation ? Non. Ils n'ont pensé qu'à leurs plaisirs et à leurs passions égoïstes, voilà tout. Et vous allez ensuite les plaindre d'être privés des « joies » domestiques ! Plaignez leurs enfants, oui ; mais, eux, ne les plaignez pas. Blâmez-les plutôt.

Le mariage, croyez-le, n'accorde le bonheur qu'à ceux qui en comprennent la sainteté, la grandeur, le noble but, — et non à ceux qui en font une « affaire ». La famille ne prodigue ses joies qu'à ceux qui en acceptent généreusement toutes les charges, et non à ceux qui se jouent de l'amour conjugal et de l'amour paternel.

§ 4.

Donc, lors même que quelques pères et mères, malheureux par leur faute, subiraient les désagréments de leur situation, ce ne serait pas une raison pour rompre tous les liens de la famille qu'ils ont formée, en parfaite connaissance de cause.

Si « l'indissolubilité de la famille » les empêche de dénouer les nœuds du mariage et leur cause quelque gêne, c'est fâcheux pour leur agrément personnel, soit ! Mais est-ce un motif sérieux pour que le Pouvoir public déroge, en leur faveur, à un grand principe social ? Les lois de la nature ne suivent-elles pas leur cours éternel, malgré quelques accidents particuliers? Pourquoi donc cette grande loi naturelle, qui unit à jamais le père, la mère et l'enfant, serait-elle troublée par la loi civile ?

Dans quel but cette dérogation serait-elle admise ?

Pour permettre à un père et à une mère de se remarier ailleurs, après la dispersion de la famille, et de goûter les « joies du foyer », — dont ils n'ont su apprécier la saveur, ou dont ils n'ont pu se contenter.

Mais, lors même qu'une telle faculté serait licite, elle serait, souvent, illogique et inutile.

Illogique. — car il n'est pas, ce semble, très-rationnel de permettre un second mariage à un père et une mère divorcés. Séparés, ils font un mauvais ménage; remariés, ils en feraient sans doute deux pires. Les mauvais soldats ne deviennent pas meilleurs en changeant de régiment : ils ont, comme les mauvais époux, un vice originel.

Inutile, — car si le divorce était rétabli, les pères et mères divorcés ne pourraient pas tous se remarier. Il s'en faut!

Divorcé? Franchement, c'est là une singulière recommandation pour un fiancé!

Supposons un père et une mère séparés pour toujours par le divorce, et libres de se remarier.

Que vont-ils devenir? Pourront-ils, aussi facilement qu'on le suppose, contracter une nouvelle alliance?

S'il s'agit d'un homme qui a été méchant époux et mauvais père, qui tiendra à l'épouser?

S'il s'agit d'une femme adultère, qui la voudra pour compagne légitime?

— Son amant! direz-vous.

— Hé! non, il ne pourra pas l'épouser, au moins dans un pays où existeraient les règles édictées par le Code de 1803. Notre ancienne loi sur le divorce portait ceci : « Dans le cas de divorce pour cause d'adultère, l'époux coupable ne pourra *jamais* se marier avec son complice (1). »

Cette prohibition, il faut le reconnaître, était parfaitement justifiée. Le législateur français avait été guidé par un motif « d'honnêteté pu-

(1) Article 298, Code civil.

blique ». Il trouvait indécent qu'une femme, démariée à cause de son infidélité, pût profiter du divorce pour se marier joyeusement avec son complice; c'était lui décerner la récompense de son crime; c'était offrir une prime à l'impudeur et à l'impudence ; c'était encourager et légaliser le libertinage.

C'est alors surtout que le divorce eût été, selon le mot de Sophie Arnould, « le sacrement de l'adultère » (1).

Donc, la femme avilie, dégradée, ne pourra pas, après le divorce, épouser son complice; et nul autre sans doute ne tiendra à avoir pour épouse une femme de ce genre ; son passé serait peu rassurant, en vérité!

S'il s'agit d'une femme honnête, d'une mère de famille, chargée de sa progéniture, voici le plus souvent ce qui arrivera : pendant que son mari, le père de ses enfants, ne trouvera pas à se remarier, ou bien trouvera par hasard une autre femme, indigne peut-être, et l'élèvera à la dignité d'épouse légitime, — l'autre, la première, l'honnête femme, sera dans une étrange situation. Elle jouira d'une singulière liberté :

(1) Dans presque tous les pays où le divorce est admis, la femme adultère n'a pas le droit d'épouser son complice. En Angleterre cependant, il n'en est pas ainsi. C'est une exception assez étonnante.

elle sera comme une vieille fille, ayant des enfants légitimes ; elle sera comme une veuve, voyant tous les jours son mari ; ou, si l'on veut, la femme divorcée sera mère et ne sera ni épouse, ni fille, ni veuve. L'appellera-t-on Madame ou Mademoiselle ? N'est-ce pas là une position encore plus « fausse » que celle d'une mère séparée momentanément de son époux ?

Eh bien! dans cette position bizarre, une mère de famille, dépouillée du titre d'épouse par le divorce, voudra-t-elle se remarier? Elle hésitera, pour bien des motifs, et se vouera tout entière à ses enfants. Il est un fait constant : c'est que les veuves, alors même que le mariage a été absolument rompu par la mort de leur époux, ont une tendance moins marquée à se remarier que les veufs. De même, « les divorcées, dans les pays où existe le divorce, y regardent beaucoup plus que l'homme à se remarier; il faut qu'elles parviennent à un certain âge pour s'y décider une seconde fois. Il semble certain que l'homme a moins de mémoire que la femme, ou bien qu'il a plus d'audace. Il se décide alors que la femme hésite (1). »

En tout cas, les enfants des pères et mères divorcés (nous nous plaçons toujours ici au

(1) Henry de Parville, *Le mariage (Journal des Débats*, du 6 mars 1879).

point de vue de la famille), les enfants seraient eux-mêmes un nouvel obstacle au second mariage de leurs parents; non point un obstacle insurmontable, car des veufs ou veuves avec enfants trouvent bien à se remarier; mais les pères et les mères, après le divorce, sont dans une tout autre situation qu'après le veuvage. Une femme — qui, à la rigueur, consentirait à épouser un veuf et à s'attacher à des enfants privés de mère — ne sera pas du tout disposée à prendre pour mari un père chargé d'élever des enfants qui auront encore leur mère légitime. — D'autre part, un homme ne sera guère jaloux d'épouser une femme entourée de rejetons, quand il songera que le père légitime habite en face et pourra, à tout propos, et au sujet même de ses enfants, faire des scènes déplorables !....

La présence des enfants rendrait donc toujours difficile, et souvent impossible, le second mariage des pères et mères divorcés.

Enfin, — autre conséquence — si (après un divorce inutile), la mère de famille, abandonnée, tombait dans la misère et mourait de faim, elle ne pourrait même plus s'adresser légalement à son ancien mari, au père de ses enfants légitimes, pour lui demander un secours, une obole !...

Toutes ces considérations, qui souvent échappent lorsqu'on parle du divorce entre gens du monde, sont assurément dignes de faire réfléchir les moralistes et les jurisconsultes; elles sont dignes aussi de frapper l'attention du législateur.

Et ce n'est là encore qu'un côté de la question. — Poursuivons.

CHAPITRE III.

Le divorce au point de vue des enfants. — Un mot de Treilhard. — Les enfants après la séparation de corps. — Les enfants après le veuvage. — Les enfants après le divorce. — Dangers et anomalies.

§ 1er.

M. Alfred Naquet et ses partisans affirment que le divorce est utile aux enfants eux-mêmes.

Ils disent avec Treilhard, l'un des rédacteurs du Code civil :

« Au moins les époux divorcés auront encore le droit d'inspirer pour leur personne un respect et des sentiments qu'un nouveau nœud pourra légitimer ; ils ne perdront pas l'espoir d'effacer, par le tableau d'une union plus heureuse, les fatales impressions de leur union première et, n'étant pas forcés de renoncer au titre honorable d'époux, ils se préserveront avec soin de tout écart qui pourrait les en rendre indignes.

« C'est peut-être ce qui peut arriver de plus heureux pour les enfants ; l'affection des pères se soutiendra bien plus sûrement dans la sainteté d'un nœud légitime, que dans les désordres d'une union illicite auxquels il est si difficile d'échapper quand on n'a plus le droit de prétendre aux honneurs du mariage. »

Nous verrons plus loin, en examinant la question sous une nouvelle face, s'il est vrai de dire que l'institution du divorce éloigne « les écarts », favorise les bonnes mœurs, et, par suite, est utile à la société.

Pour l'heure, nous relèverons ce mot de Treilhard, prétendant que le second mariage des père et mère divorcés est « peut être ce qui peut arriver *de plus heureux* pour les enfants. »

Et d'abord, nous ne pouvons nous défendre de trouver assez problématique ce bonheur qui consisterait,après la dispersion de la famille, à avoir un père et une mère absolument étrangers l'un à l'autre, et à posséder, en échange, un « parâtre » et une « marâtre » qui, de chaque côté, feraient lever les germes du ressentiment, accentueraient la discorde et tendraient à perpétuer la haine entre les membres épars d'une famille légitime.

D'ailleurs, l'occasion de trouver cet étrange « bonheur » serait fort incertaine; car, nous venons de voir que, pour divers motifs, le second mariage des père et mère divorcés serait assez difficile.

Mais admettons, par hypothèse, ce que notre conscience et notre raison repoussent, supposons que, lorsqu'il existe des enfants légitimes, la famille, naturellement indissoluble, puisse être disloquée, dispersée, anéantie par la loi civile; et supposons qu'après le divorce les père et mère puissent aisément se remarier, chacun de leur côté.

Quel sera, après ce second mariage, la situation des enfants? Seront-ils plus malheureux que les enfants des époux séparés de corps? Là est la question.

Oh! certes, nous savons que les enfants de deux époux séparés sont dans une condition pénible; mais c'est, en somme, le résultat de la faute de leurs parents, bien plutôt que la faute de la loi, qui se borne à constater et à régler cette situation. En ce cas, du moins, la famille n'est pas anéantie; droits et devoirs subsistent entre tous les membres de la société domestique. L'enfant, au lieu d'être une manière d'orphelin, placé entre un père et une mère qui existent encore, mais qui sont comme morts, pour la famille, et qui demeurent civilement étrangers l'un à l'autre; l'enfant, qui n'a pas l'esprit et le cœur bouleversés par cet épouvantable anomalie, est toujours un trait d'union vivant entre son père et sa mère légitimes; il va de l'un à l'autre; il peut donner ses consolations à deux êtres qu'il doit également aimer; il va soigner leurs blessures; il peut les guérir, les cicatriser, et ramener la paix au foyer. L'indissolubilité de la famille, voilà le grand principe qui justifie la séparation de corps.

§ 2.

M. Naquet objecte que « l'on permet bien aux veufs de se remarier, » et que « les enfants des veufs ne sont pas moins intéressants que les enfants des époux séparés de corps et de biens. »

Voici notre réponse :

La loi, sans voir les secondes noces d'un œil très-favorable, permet aux veufs et aux veuves de se remarier. Oui, certes! Mais la situation, à tous égards, n'est plus la même. Le mariage a été naturellement rompu par la mort. Les enfants restent seuls avec l'époux qui survit; ils ont toujours le même foyer. Lorsqu'ils vivent auprès de leur mère, par exemple, ils ne sont pas exposés à voir leur père habiter ailleurs avec une autre femme et avec les enfants de cette rivale de leur mère. Les secondes noces, après le veuvage, ne présentent pas toutes les choquantes anomalies qui résultent forcément du second mariage des époux divorcés.

Les enfants d'une veuve sont réellement orphelins; ils sont absolument privés de père, de soutien; et, par suite, ils peuvent avoir besoin d'un tuteur qui s'occupe de leurs affaires et dirige leur éducation.

Les enfants d'un veuf restent sans mère et, s'ils sont encore en bas âge, ils ont besoin des soins d'une femme. On peut alors courir la chance de trouver une personne dévouée qui, en épousant le père, s'attache aux orphelins et les soigne avec dévouement.

En règle générale, les pères ou les mères qui consentent à se remarier après le veuvage, ont en vue l'intérêt de leurs jeunes enfants. Néanmoins, il est avéré que c'est souvent une imprudence. Que de mauvais exemples ont donnés les « marâtres », dont le nom seul fait naître un sentiment de réprobation ! Que de rivalités et de querelles entre les enfants de différents lits!

Par conséquent si, après la mort du père ou de la mère, les secondes noces offrent des inconvénients, que nul n'ignore, n'est-il pas manifeste qu'il serait bien plus périlleux encore de confier des enfants légitimes à des mains étrangères quand le père et la mère existeraient tous les deux ? Et, d'ailleurs, peut-on concevoir que, la mère vivant encore, son enfant soit livré à une marâtre?...

— Mais, dira-t-on, il est certains époux divorcés qui auraient un avantage réel à se remarier dans l'intérêt même de leurs enfants.

— Nous croyons qu'en faisant, pour ainsi dire, de la micrographie, l'on pourra nous signaler, comme dans « Madame Caverlet », tel ou tel cas particulier de pathologie sociale, où il aurait mieux valu, pour les enfants, avoir un parâtre idéal qu'un père indigne. Cela est certes bien possible ; nul n'en disconvient.

Mais lorsqu'on examine, comme on doit le faire, la grave question du divorce, il ne faut point s'arrêter à telle circonstance ou à tel détail ; il ne faut point regarder les choses avec « le gros bout de la lorgnette » et donner à ce vaste problème des proportions minuscules. Il faut absolument voir les grandes lignes du sujet, envisager la question sous toutes ses faces, s'occuper, en un mot, des principes fondamentaux qui sont la sauvegarde de la famille et de la société.

On ne peut, vraiment, pour faire le bonheur de Madame Merson et de ses enfants, ou pour faire plaisir à M. Durand et à ses filles, ébranler en France la stabilité de tous les mariages, suspendre une épée de Damoclès sur toutes les familles, mettre le désarroi dans l'état civil, troubler dans une certaine mesure l'ordre public, et, finalement, s'exposer à faire le malheur d'une légion d'enfants.

M. Naquet, nous le savons, a essayé de prouver, dans des articles de journaux, que le divorce était très avantageux pour les enfants eux-mêmes; et, pour ce faire, il a cité un certain nombre de cas particuliers, qui sont à sa connaissance et qui établissent, selon lui, l'utilité et la nécessité du divorce.

La plupart de ces faits sont loin d'être concluants. Exemple. — M. Naquet cite le cas suivant:

« Un homme se marie en 1854, à Paris. Il a un premier enfant en 1855, et un deuxième enfant en 1857. Mais, en 1858, un voisin, qui était depuis quelques années séparé de sa femme, s'introduisit chez lui, sous prétexte de bon voisinage, et, quelques mois après, le malheureux mari recevait une lettre conçue en ces termes:

« Je pars. Tu ne me reverras jamais plus.
« Aie bien soin de ces pauvres enfants que je
« quitte à regret. Oublie toi-même les quelques
« années que nous avons passées ensemble.
« Sois heureux! Et si tu penses quelquefois à
« moi, que ce soit sans amertume et avec un
« sentiment de pardon. La passion est la plus
« forte. En restant, je ne pourrais te laisser
« qu'un cœur qui appartient à un autre et un
« corps dont un autre aurait la moitié; mieux

« vaut une éternelle séparation que ce partage « odieux. »

« La lettre ne disait naturellement pas où allaient les fugitifs. Le mari avait toujours aimé sa femme ; il était sans le moindre soupçon. Cette révélation fut pour lui un coup de foudre. Il faillit en devenir fou. Puis le calme revint ; il songea qu'il devait vivre pour ses enfants, à moitié orphelins par l'abandon de leur mère. Il reprit courage et introduisit contre sa femme absente une demande en séparation. La séparation fut prononcée à son profit.

« Cet honnête homme est mort en 1878. Son fils aîné avait alors vingt-trois ans ; son second fils, vingt et un ans.

« Depuis l'évasion de sa femme, il n'avait plus entendu parler ni d'elle, ni de son séducteur, et, disons-le, absorbé par le travail, il avait fini par ne plus songer à eux ; il avait amassé dans le commerce une petite fortune, 300,000 francs environ.

« Mais sa femme ne l'avait pas perdu de vue. Quoique en Amérique, elle avait été tenue au courant des faits et gestes de son mari.

« Lui mort, elle est arrivée avec trois enfants, tous trois adultérins, mais tous trois enregistrés sous le nom du mari, et dès lors réputés lui appartenir, puisque, ignorant leur existence, celui-ci n'avait pu en désavouer la paternité, et que *sa mort rendait toute action ultérieure en désaveu désormais irrecevable.* Ces enfants sont venus réclamer, *sans qu'il ait été possible de s'opposer à leurs réclamations,* les trois cinquièmes de l'héritage paternel. L'honnête homme qui n'est plus se trouve ainsi avoir travaillé, non pour ses propres enfants, mais pour des enfants qui ne lui étaient rien et qui, s'il pouvait encore avoir conscience de ce qui passe, ne lui rappelleraient que la débauche et que la honte de leur mère.

« Quant aux enfants légitimes, ils se voient de la sorte enlever plus de la moitié de leur fortune, — non de leur fortune maternelle, nulle d'ailleurs dans l'espèce, ce qui à la rigueur pourrait être considéré comme juste, mais de leur fortune paternelle, — alors que leur père n'était pour rien dans la naissance de ceux qui viennent réclamer leur part d'héritage, et que certainement il n'avait point entendu travailler pour eux. »

Voici la lettre que M. Alfred Naquet a reçue de l'aîné des deux jeunes gens lésés dans cette triste affaire :

« La loi refuse aux pères séparés de leur
« femme de se remarier, et cela pour sauve-
« garder leurs enfants. Comme la généralité
« résulte de l'ensemble des cas particuliers,
« j'ai le droit de dire que c'est pour nous pro-

« téger, mon frère et moi, qu'on a interdit le « divorce à notre père. Or, cette protection « qu'on a voulu nous accorder se chiffre par la « perte de plus de la moitié de ce que notre « père avait gagné pour nous par un labeur « opiniâtre. Je vous avoue, Monsieur, que je « préférerais qu'on nous eût protégés de toute « autre manière, et, puisque nous nous trouvons « sacrifiés sans retour, je me fais un devoir de « vous signaler la situation que nous a faite « l'indissolubilité du mariage. Peut-être à force « de livrer à la publicité *des faits de cette na-* « *ture*, parviendrez-vous à dessiller les yeux « de nos contemporains? Peut-être cela pourra- « t-il hâter le vote d'une loi réparatrice dont « rien ne justifierait le rejet (1)? »

La masse des lecteurs peut se laisser attendrir par cette histoire lamentable; le bon public doit se dire qu'il est bien cruel de voir, en cette « triste affaire », deux enfants légitimes lésés par trois enfants adultérins, qui ont été enregistrés sous le nom du mari, et qui dès lors sont réputés lui appartenir « puisque, ignorant leur existence, celui-ci n'avait pu en désavouer la paternité, et que sa mort rendait

(1) Journal *Le Voltaire*, et journal *La France*, du 4 septembre 1879.

toute action ultérieure en désaveu désormais irrecevable. »

Ce qui nous étonne, nous, c'est que l'on fasse de pareilles réflexions et de tels commentaires, à l'appui d'une thèse sociale et juridique.

Les deux jeunes gens auxquels s'intéresse M. Naquet n'avaient pas besoin du divorce pour éviter la lésion qui les affligent.

Si, en cette aventure, ils avaient consulté un modeste jurisconsulte, plutôt qu'un savant médecin, ils auraient pu se servir des armes que la loi leur mettait sous la main. S'ils ne l'ont pas fait, ce sont eux qui ont eu tort, et non la loi française.

C'était le cas ou jamais de contester la légitimité des trois intrus qui venaient réclamer leur part dans l'héritage d'un homme qui n'était pas leur père.

L'art. 316 du Code civil est ainsi conçu : « Dans les divers cas où le mari est autorisé à réclamer, il devra le faire dans le mois, *s'il se trouve sur les lieux de la naissance de l'enfant*; — dans les deux mois après son retour, si, à la même époque, il est absent ; — dans les deux mois après la découverte de la fraude, *si on lui avait caché la naissance de l'enfant.* »

— Mais, dit-on, le mari, ignorant leur existence, n'a pu, avant de mourir, désavouer ces trois enfants illégitimes.

— Eh bien? est-ce que, par hasard, la loi française permettrait à des enfants adultérins (dont un mari ne connaissait pas même l'existence!) de venir soustraire ainsi le patrimoine des enfants légitimes? Allons donc! Lisez, s'il vous plaît, l'article suivant du Code civil. — Art. 317 : « Si le mari est mort ayant d'avoir fait sa réclamation, mais étant encore dans le délai utile pour la faire, les *héritiers* auront deux mois pour contester la légitimité de l'enfant, à compter de l'époque où cet enfant se serait mis en possession des biens du mari, ou *de l'époque où les héritiers seraient troublés par l'enfant dans cette possession.* »

Dans « l'espèce » rapportée par M. Naquet, les deux enfants légitimes « continuant la personne de leur père », pouvaient très-bien contester la légitimité de ces trois enfants adultérins, qui voulaient les troubler dans la possession de leur patrimoine. Et leur action eût été assurément couronnée de succès, puisque leur mère était séparée de corps, puisqu'elle était même absente depuis une vingtaine d'années, et que leur père n'avait pas même eu connaissance de l'existence de ces pseudo-héritiers, dont la naissance lui avait été soigneusement cachée!...

Puissent ces quelques observations « dessiller les yeux », de ces pauvres jeunes gens qui disent avoir perdu « plus de la moitié de ce que leur père avait gagné pour eux », et qui, vous l'avouerez, ont eu grand tort de ne pas lire l'article 317 du Code civil et de méconnaître les sages dispositions de la loi de leur pays!

Voilà cependant quels faits on cite et quels arguments on invoque, en face du grand public, pour prouver que le divorce est utile aux enfants légitimes !

M. Alfred Naquet cite encore d'autres cas et conclut en ces termes :

« Que chacun regarde autour de soi. Qu'il se remémore les faits qu'il a vus, les drames auxquels il a assisté, et l'on sera bien obligé de reconnaître que c'est en vue des enfants, des enfants surtout, qu'il est nécessaire d'admettre le divorce; que non-seulement leur intérêt exige cette réforme tout comme celui des époux, mais qu'il l'exige à un degré bien plus élevé encore. Les époux peuvent, à la rigueur, se suffire. Les enfants ne le peuvent pas. Ils ont besoin de protection, de quelqu'un qui réponde d'eux devant le monde. Ce protecteur, ce répondant, la séparation de corps le leur refuse; le divorce le leur accorde. Si l'on veut maintenir le mariage indissoluble, c'est ailleurs qu'il faudra chercher des arguments pour défendre cette institution (1). »

(1) Journal « *La France* », 4 septembre 1879.

Nous disons, nous, que si, pour démontrer l'utilité du divorce, M. Naquet et ses partisans n'ont qu'à invoquer l'intérêt des enfants légitimes, « c'est ailleurs qu'il leur faudra chercher des arguments pour défendre cette institution. »

Les cas particuliers que l'on cite sont loin d'être topiques, — nous venons de le voir. — Et, encore une fois, nous admettons volontiers que, dans telle ou telle circonstance spéciale, le divorce puisse être utile à tels ou tels enfants.

Qu'est-ce à dire? Et que faut-il en conclure?

Parce que l'on s'intéresse à la progéniture de Madame Merson ou de Monsieur Durand, faut-il donc ne point se préoccuper d'une foule d'autres enfants, qui sont tout aussi intéressants, et dont le divorce achèverait l'infortune et la ruine? — Oui, l'infortune et la ruine! Car, ce que nous voulons essayer de démontrer dans ce chapitre, c'est justement que le divorce — en général, — n'est pas utile aux enfants, et qu'il peut même leur être très nuisible. — Ce sont ces « généralités » qui seules doivent préoccuper le législateur, et non huit ou dix anecdotes choisies à plaisir.

Quelle est donc la règle générale ?

Le père, — chef de la famille, — exerce naturellement et légalement la « puissance paternelle ». — Le père n'est déchu de ce droit que dans des circonstances extrêmement odieuses, lorsque par exemple il a commis des attentats à la pudeur sur ses propres enfants (1).

M. Naquet dit : « Les enfants ont besoin de protection, de quelqu'un qui réponde d'eux devant le monde. Ce protecteur, ce répondant, la séparation de corps le leur refuse ; le divorce le leur accorde. »

Est-ce que l'enfant n'a pas un protecteur naturel, — son père légitime, — qui, « répond de lui devant le monde » et qui doit exercer la « puissance paternelle », tant qu'il n'a pas encouru la déchéance, dans des cas absolument exceptionnels ? Est-ce que la séparation de corps ne conserve pas ce protecteur à l'enfant ? N'est-ce pas plutôt le divorce qui, la plupart du temps, le lui enlève ?

En effet, si l'on admet le divorce, des père et mère, on arrive à de singulières conséquences.

Habituellement, après le divorce, une mère honnête et sans tache restera seule, dans une sorte de célibat innommé, avec ses enfants, — dont elle ne portera même plus le nom, —

(1) Art. 335, Code pénal.

pendant que leur père, leur père légitime, ira épouser, sous leurs yeux, une autre femme, une drôlesse peut-être, qui aura, elle, tous les honneurs du mariage, sous le toit de ce même « chef de famille ». — Ou bien, si la mère elle-même se remarie, le père verra ses propres enfants (confiés à la garde de leur mère) passer au foyer d'un autre homme; et cet homme, cet étranger, aura, en fait, sur ces enfants, une tutelle effective, alors que leur père légitime sera vivant et demeurera peut-être tout près d'eux!

Quelle sera la situation d'un père de famille lorsqu'il voudra communiquer avec ses enfants placés chez sa première épouse — qui alors sera pour lui la « première venue », et sera elle-même sous la puissance d'un autre individu ?

Que deviendra, en réalité, la « puissance paternelle », ce pouvoir sacré, qu'un père ne doit pas, ne peut pas résigner ?

Que deviendront aussi toutes les dispositions du Code civil qui règlent si sagement les rapports de la famille ?

Que deviendra, notamment, l'article 203? « Les époux contractent *ensemble* par le seul fait du mariage. l'obligation de nourrir, entretenir et élever leurs enfants. »

Le père, divorcé, pourra payer une pension « alimentaire », c'est vrai; mais qu'est-ce que cela? Pourra-t-il réellement diriger et surveiller l'éducation de ses enfants légitimes, le jour où ces enfants seront placés dans la demeure et sous la domination d'un autre citoyen, qui aura sur eux l'influence résultant de l'intimité journalière?

Et comment admettre que les enfants légitimes, ainsi confiés à la garde d'un étranger, puissent se conformer aux dispositions si naturelles de l'article 371 du Code civil? « L'enfant, *à tout âge,* doit honneur et respect à ses parents. »

Comme nous l'avons dit plus haut, le divorce tend à détruire le respect filial et à étouffer l'amour paternel.

Le père de famille qui se remariera après le divorce, conservera, généralement, une haine implacable contre sa femme, et cette animosité rejaillira sur les enfants qu'elle gardera auprès de son nouveau mari. Remarié, ce père, haineux, blessé dans son amour-propre, désirera avoir d'autres enfants que, selon toute vraisemblance, il chérira d'une affection jalouse, concentrée, exclusive.

Voyez encore les conséquences du divorce des père et mère :

Notre loi civile veut que les enfants se marient avec le consentement de leurs parents, en quoi la loi est fort prudente.

Mais si le divorce rend le père de famille civilement étranger à la mère, — ce qui est vraiment monstrueux, — quelle sera la situation d'un enfant légitime, au moment de son mariage? Quelle dérision et quelle comédie, que d'obliger ce malheureux enfant à aller quémander le consentement d'un homme qui, légalement, n'est plus rien pour celle qu'il a rendue mère!..

Au surplus, le père, courroucé, voudra-t-il le donner, son consentement? Par esprit de vengeance, il sera porté à dire : Non, — alors surtout que le mariage aura été négocié par son rival, par l'époux de celle qui fut son épouse, par le nouveau « répondant » de ses enfants, à lui!

Et alors, si le fils de famille est âgé de vingt-deux ou vingt-trois ans, il ne pourra, privé du consentement paternel, s'établir d'une façon avantageuse.

Ce n'est pas tout. Que deviendra le patrimoine de cet enfant?

Son père et sa mère s'étant tous les deux remariés, l'enfant pourra voir sa fortune personnelle et celle de sa mère gérées par un nouveau venu, un « parâtre ». Ces biens ne seront-ils pas compromis, surtout quand il y aura des frères utérins?

Quant à la fortune de son pere, elle pourra

être dissipée ou détournée, à la suite du second mariage, dans l'intérêt des frères consanguins.

La loi française, — se basant sur l'affection filiale, sur les devoirs des parents et les rapports naturels existant entre les membres de la même famille — qui, à plus d'un titre, sont solidaires, — la loi dit que les enfants légitimes sont héritiers « à réserve »; elle empêche les père et mère de disposer de toute leur fortune, au profit des tiers, ou d'un enfant privilégié, et elle « réserve » à leurs descendants une certaine quotité du patrimoine (1).

Après les secondes noces des père et mère divorcés, que pourra-t-il souvent se passer?

Le père, qui saura ses enfants légitimes placés sous la dépendance immédiate d'un autre homme, aura, par dépit, une affection bien plus marquée pour les enfants de son second mariage. Les derniers, qu'il gardera avec lui, seront alors les privilégiés; et, à une époque où les valeurs mobilières sont si faciles à réaliser, il trouvera mille moyens de contourner l'article 913, et de détourner tout ou partie de son avoir, au détriment de ses premiers enfants. Ces malheureux, confiés aux soins d'une mère remariée, seront exposés, d'un autre côté, à se voir encore frustrés par leur « parâtre »,

(1) Articles 913 et suiv. du Code civil.

car il pourra administrer la fortune de leur mère en faveur de leurs frères utérins. Et quand, finalement, il faudra partager la succession des père et mère, divorcés et remariés, les enfants de trois lits différents se trouveront simultanément en présence! Que de discussions! que de procès! que de discordes et que de haines semées ainsi dans les familles!....

On pourrait, en parcourant le Code, multiplier ces dangereuses anomalies qui, après la dispersion de la famille par le divorce, viendraient heurter et bouleverser les dispositions, les plus sacrées peut-être, de notre droit civil.

Ce que nous venons d'exposer suffit, ce semble, pour démontrer que le divorce — en général — n'est pas utile aux enfants; que cette violente rupture tend nécessairement à leur nuire, et que le second mariage de leurs père et mère légitimes n'est certes point « ce qui peut leur arriver de plus heureux », — quoi qu'en ait dit le vénéré Treilhard, et quoi qu'en pense aujourd'hui l'honorable M. Naquet.

CHAPITRE IV.

Le divorce et la réconciliation. — L'article 295 du Code civil. — Le rapprochement des époux. — Un dilemme redoutable. — Charybde et Scylla.

§ 1er.

Loin de trouver, comme Treilhard, que le second mariage des père et mère divorcés est un bonheur pour les enfants, nous dirons, nous, que l'événement qui doit être pour eux le plus désirable et « le plus heureux », c'est la réconciliation de leurs parents légitimes.

Or, avec le divorce, la réconciliation est malheureusement impossible.

Voilà encore une grave raison qui, — après tant d'autres, — nous fait absolument rejeter le divorce, lorsqu'il existe des enfants.

Notre ancienne loi sur le divorce, que l'on voudrait rétablir (1), déclarait formellement que le divorce était irrévocable.

---

(1) « Aujourd'hui, ce que je vous demande, c'est le rétablissement de l'ancien titre VI du Code civil. » (Discours de M. Naquet, à la Chambre des députés. — Séance du 27 mai 1879).

« Les époux qui divorceront, pour quelque cause que ce soit, ne pourront plus se réunir. » Ainsi s'exprimait l'ancien article 295 du Code civil.

Les rédacteurs du Code de 1803 n'ont pas craint seulement qu'en laissant les époux divorcés se remarier entre eux, on leur donnât une facile occasion de modifier leurs conventions matrimoniales, — c'était là un motif très secondaire ; — ils ont craint surtout de déconsidérer le mariage en prêtant les mains à une grotesque comédie. Il eût été aussi odieux que ridicule de voir deux époux se marier, se démarier et se remarier à leur guise. « Ce serait un scandale! » s'écriait Emmery avec feu, lors de la discussion de cet article.

Les législateurs de cette époque pensaient donc, avec Montesquieu, que permettre de se jouer du divorce, ce serait permettre de se jouer du mariage. On ne badine point avec des actes aussi graves. « Quand le spectacle affligeant du divorce a été donné, disait Portalis, il faut que ce soit par l'effet d'une nécessité réelle; une telle nécessité est invariable. »

Et Régnier ajoutait :

« L'honneur même des époux commande de ne pas leur permettre de varier; ils deviendraient des *objets de mépris* s'ils se faisaient impunément un jeu du mariage et du divorce. »

Ainsi, voilà qui est fatal. Si le Parlement français admettait le principe du divorce et rétablissait l'ancien titre VI du Code civil, quand un père et une mère auraient divorcé, les liens de la famille seraient à jamais brisés, aux yeux de la loi. Plus d'espoir de réconciliation!

Cependant, le temps, qui efface tant de choses, guérit bien des blessures et conseille le pardon. Souvent, après quelques mois, quelques années de chagrins et de regrets, l'enfant, l'enfant légitime, voudrait prendre la main de son père et la mettre dans celle de sa mère. Dans un élan d'amour filial, il dirait à ses parents : « Pardonnez-vous vos fautes ! Réconciliez-vous! Oubliez le passé! Songez à l'avenir ; songez à moi ! Je vous aime également tous les deux. Aimons-nous tous les trois, et vivons ensemble, je vous en conjure ! »

Touchés par cette prière et par les larmes de leur fils, les parents voudraient se réunir. — Quoi de plus naturel? Quoi de plus moral? Quoi de plus légitime au monde? — Eh bien, la Loi, cruelle, leur dirait : « Non! vous ne pouvez plus vous réunir ! »

Et si, au mépris de cette défense, ils passaient outre et se réunissaient, ils ne seraient plus, ils ne pourraient plus être des époux : ils seraient à jamais des concubins!

Quelle effroyable conséquence du divorce!

Au contraire, avec la séparation de corps, la famille, nécessairement indissoluble, n'est point bizarrement dissoute par deux lignes du Code.

Droits et devoirs subsistent dans le présent, comme ils existaient dans le passé; et, pour l'avenir, reste toujours la possibilité d'une réconciliation conjugale. La mère de famille n'a pas été brutalement déchue de sa dignité d'épouse; on ne lui a pas arraché le nom patronymique. Alors, l'intervention toute naturelle de l'enfant amène, de plein droit, un rapprochement légitime entre ses père et mère.

§ 2.

Les apôtres du divorce nous arrêtent ici et nous disent: « Quand la discorde a désuni les époux, la réconciliation est un leurre; elle n'arrive jamais. »

C'est une erreur de croire la réconciliation impossible. Ainsi, tous les ans, un assez grand nombre d'époux désunis font la paix avant le jugement du procès qu'ils ont entamé. En 1876, deux cent cinquante affaires ont été retirées, « par suite de la réconciliation des époux. »

En 1877, quatre cent trente affaires ont été retirées (1).

Après le jugement, la réconciliation peut survenir et survient beaucoup plus souvent qu'on ne pense.

Les demandes principales ou reconventionnelles en séparation — il ne faut point le perdre de vue — sont presque toujours fondées sur des excès, sévices ou injures graves. D'après la statistique officielle de 1876, sur 3,453 demandes, 3,093 étaient fondées sur des voies de fait ou des injures. L'adultère de la femme avait servi de base à l'action dans 211 affaires, et celui du mari dans 106. La condamnation de l'un des conjoints à une peine infamante avait motivé 43 fois la séparation (2).

En 1877, sur 3,216 demandes en séparation portées à la barre des tribunaux, 3,107 avaient pour cause des excès, sévices ou injures (3).

Lorsque des étrangers s'injurient, se donnent des soufflets et vont sur le terrain, est ce qu'il n'arrive pas souvent que les deux adversaires se tendent la main, après le duel ?

Donc, dans l'immense majorité des cas, il est

---

(1) *Journal officiel*, 25 août 1879.

(2) *Journal officiel*, 25 novembre 1878.

(3) *Journal officiel*, 25 août 1879.

facile d'obtenir l'oubli d'une scène trop vive ou de quelques mots inconvenants.

Il faut tenir compte aussi d'un fait incontestable : presque tous les séparés de corps appartiennent aux classes ouvrières, et même la plupart sont des indigents. — Chaque année, plus de la moitié des plaideurs en séparation sont de pauvres gens qui jouissent du bénéfice de « l'assistance judiciaire ». — Dans ces conditions, alors que l'éducation est moins délicate, et que la sensibilité est plus émoussée, une grande quantité d'époux séparés peuvent aisément reprendre la vie commune; les nécessités matérielles de l'existence journalière sont, pour eux, une cause fréquente de réunion.

Et encore, il convient de rappeler ici que le système légal qui régit actuellement la séparation de corps, en France, ne tend pas à favoriser la réconciliation! Si la loi admettait la réforme que nous avons proposée plus haut, notamment la séparation « par consentement mutuel » et la « séparation temporaire », on verrait, après le jugement, beaucoup plus d'époux se rapprocher.

La réconciliation est tellement présumable et possible, que le Code l'a prévue en plusieurs circonstances ; — même en cas d'adultère, le législateur a admis que le mari offensé pouvait

« reprendre sa femme » pour faire cesser l'effet d'une condamnation (art. 309).

Et du reste, en défendant aux époux divorcés de se réunir, le législateur de 1803 a indiqué, par cela même, que la réunion était supposable, entre divorcés.

§ 3.

Nous avons expliqué le motif impérieux qui a guidé les rédacteurs du Code civil lorsqu'ils ont interdit aux époux divorcés de se réunir. Mais voilà précisément ce qui achève de démontrer combien est vicieuse l'institution du divorce qui disperse à jamais le père, la mère et les enfants légitimes.

Ceux qui ne veulent point considérer, avec nous, les liens de la famille comme indissolubles, sont forcés, chose bizarre, de considérer le divorce comme irrévocable.

Oui, il est vraiment singulier de voir la séparation « indissoluble » édictée par ceux-là mêmes qui repoussent l'indissolubilité sous toutes ses formes.

Et, grâce à l'admission du divorce, lorsqu'il existe des enfants, voici ce qui arrive :

Un père et une mère ne peuvent plus se réconcilier.

Si la solitude leur pèse, s'ils veulent se pardonner, s'ils désirent oublier le passé et « revenir à leurs premières amours », impossible!

Si, au milieu des divers incidents de la vie, surgit une occasion toute simple de se rapprocher; si, par exemple, l'enfant est gravement malade et si le père veut aller à son chevet; si le pauvre petit être vient à mourir, si le père veut aller embrasser la mère éplorée et faire la paix devant un cercueil; — ou bien, si l'enfant légitime, sur le point de se marier, va demander le consentement de son père et le supplie de venir, avec sa mère, assister à son mariage; si un petit-fils vient au monde, et si sa naissance, joyeuse fête, appelle sous le même toit, autour de la même table, tous les membres de la famille; si telle autre cause de « réunion » surgit, il est interdit à ce malheureux père de se rapprocher de la mère de ses enfants. C'est la loi, implacable, qui le lui défend. « Les époux divorcés, pour quelque cause que ce soit, ne pourront plus se réunir! »

Si, malgré le Code, le chef de la famille suit l'impulsion de nobles sentiments et va retrouver celle qui lui a donné ses enfants légitimes, il vivra désormais en concubinage; et s'il a, avec elle, d'autres enfants, ces enfants seront des bâtards!...

Voilà une des nombreuses conséquences du divorce.

N'avons-nous pas le droit de soutenir, nous, que ce sont surtout les divorcés qui sont alors des « maudits » ?

Dira-t-on que ce sont là des hypothèses sentimentales? Voudra-t-on nous faire accroire que les pères et mères divorcés n'auront nulle envie de se rapprocher? Eh bien ! voici encore des faits :

Lorsqu'en 1832, on discuta la question du divorce, le rapporteur, signalant ces cruels résultats, disait à la Chambre des Pairs : « Cédant imprudemment aux vœux de leur cœur, tristes victimes d'une séparation indissoluble, plusieurs de ces époux se sont réunis sur la foi de leurs premiers serments. Ils ont donné le jour à des enfants qui, sans état, au milieu de leurs frères, quoique nés du même père et de la même mère, et issus d'un seul et unique mariage, ne jouissent pas des honneurs de la légitimité. Votre commission a reçu leurs réclamations; *elles sont nombreuses*. Un seul avocat est l'organe de cinq familles! »

Voyons! Est-ce que ces conséquences du divorce ne sont pas exorbitantes?

§ 4.

On nous répondra peut-être :

C'est vrai, cela est exorbitant ; mais tout en réhabilitant le principe du divorce, le législateur moderne pourra modifier le Code de 1803 ; il pourra permettre aux pères et mères divorcés de se réunir et de s'épouser de nouveau.

Nous répliquons :

Si telle était la pensée des réformateurs contemporains, ils fourniraient d'abord aux partisans de la séparation de corps un très-sérieux argument ; — car, si l'on admet, en principe, que les divorcés pourront s'épouser encore, n'est-il pas plus rationnel et plus sage de prononcer seulement la séparation de corps qui permet, d'une façon toute naturelle, cette réconciliation des époux ?

Ce n'est pas tout. En permettant à deux personnes de se marier, de divorcer, et ensuite de se remarier entre elles, selon leurs caprices, les réformateurs dont nous parlons autoriseraient ce que les auteurs du Code civil appelaient, avec raison, « *un scandale* ». Ils permettraient à chacun de se jouer du mariage, aussi bien que du divorce ; ils donneraient l'approbation législative à de burlesques palinodies.

En vérité, ceux qui, d'une part, ne veulent point admettre avec nous l'indissolubilité de la famille, et qui, d'autre part, sont épouvantés par certains résultats du divorce, se trouvent très-embarrassés avec les conséquences inévitables de leur principe. Ces habiles logiciens sont fort empêchés, car, malgré qu'ils en aient, ils ne peuvent sortir de ce dilemme :

Ou bien, il faut permettre à deux personnes de s'épouser, de divorcer et de s'épouser encore, après un célibat intermittent, — ce qui est aussi ridicule que scandaleux.

Ou bien il faut, comme le législateur de 1803, défendre à un père de se réconcilier avec la mère de ses enfants légitimes, — ce qui est aussi injuste que monstrueux.

C'est fatal.

Oui, si l'on veut éviter cette monstruosité légale, on se voit aussitôt forcé d'autoriser une odieuse comédie, qui outrage la sainteté du mariage, et qui est un objet de risée pour les sceptiques et les railleurs.

Ou si, à l'exemple des Emmery et des Portalis, on veut éviter ce « scandale », on aboutit immédiatement à l'abominable cruauté de l'article 295.

On a beau dire, on a beau faire, l'on ne peut sortir des fourches gênantes de ce dilemme. En dissolvant par le divorce la famille indissoluble, on tombe fatalement de Charybde en Scylla.

Force nous est d'avouer que notre conscience s'arrête devant ce double précipice et recule devant toutes les anomalies que nous venons d'examiner tour à tour.

Notre esprit ne peut admettre la dissolution légale du mariage, au moins quand il existe des enfants légitimes.

L'enfant est entre les époux une attache effective, que la mort seule peut briser, au milieu d'atroces déchirements.

Ce n'est pas la loi qui peut rompre soudain cette chaîne naturelle qui relie si fortement le père à la mère.

Au contraire ! Quand une famille s'est groupée autour d'un foyer, sous les auspices de la loi, les liens du sang sont doublés des liens civils. Ces liens, c'est le Pouvoir public qui les a noués lui-même, c'est lui qui doit les protéger.

La famille légitime représente une unité sociale; elle forme un seul tout, réellement indissoluble. En ce cas, la rupture « artificielle » que cause le divorce, est une fiction déplorable, qui forcément amène de déplorables résultats.

TITRE VI

La Société.

CHAPITRE PREMIER.

L'institution du divorce augmente-t-elle le nombre des mariages ? — Les leçons de l'histoire et de l'expérience. — La statistique internationale. — Explication des résultats constatés.

§ 1er.

Il ne suffit pas d'examiner le divorce au point de vue de la Famille.

Il faut aussi placer la question au regard de la Société: car, pour achever leur plaidoyer, la plupart des avocats du divorce s'appuient sur « l'utilité sociale » de cette institution.

Les mœurs publiques aussi bien que les mœurs privées sont, disent-ils, très-compromises en France par l'absurde séparation de corps; et il en est de même, nous assurent-ils, dans tous les pays arriérés où le divorce ne permet pas la dissolution des familles.

Examinons donc ce nouveau côté de la question — qui, certes, n'est pas le moins intéressant.

On dit d'abord, — et c'est là un des arguments les plus répandus dans la masse du public, — on dit que « l'indissolubilité formidable arrête beaucoup de personnes sur le seuil de la mairie », et que, par suite, le rétablissement du divorce augmenterait le nombre des mariages, au grand avantage de la société.

D'après cela, le divorce serait une sorte de prime d'encouragement pour une légion de célibataires qui se morfondent aujourd'hui et qui, avec la perspective d'une rupture, s'empresseraient de franchir gaiement le temple municipal pour y contracter mariage. Une fois le divorce rétabli, le flot des épouseurs monterait sans cesse, et les officiers de l'état civil courraient risque d'être débordés.

En supposant, pour un instant, que cette observation soit juste, on peut, de prime abord, se demander si la société aurait un réel intérêt à voir ce débordement de célibataires, qui se marieraient — en pensant qu'ils pourraient, grâce au divorce, revenir bientôt au célibat?

Si pareille tendance se généralisait, ce serait un fléau, ce semble, plutôt qu'un gage de félicité.

Mais, au fond. l'observation faite par les partisans du divorce n'est pas justifiée; leur assertion se trouve démentie par les leçons de l'histoire et par l'expérience faite chez les peuples modernes.

On prétend que l'institution légale du divorce tend à augmenter, dans de vastes proportions, le nombre des mariages?...

Alors pourquoi, à Rome, quand les divorces étaient si faciles et si communs, fut-on obligé de faire des lois pour obliger les citoyens à se marier? Pourquoi ne se mariait-on guère, malgré les récompenses offertes par Auguste aux gens mariés?

Pourquoi restait-on dans le célibat, malgré les peines infligées aux célibataires? Pourquoi, au temps de Juvénal, les gens mariés divorçaient-ils sans cesse? Le divorce était-il, oui ou non, un encouragement au mariage, un gage de stabilité, et une cause de prospérité publique?

« Pourquoi, — demandait Malleville en 1803, — pourquoi l'Angleterre, après avoir autorisé le divorce pour cinq causes, l'a-t-elle réduit au seul adultère? Pourquoi, *depuis que nous avons le divorce, en France, y a-t-il tant de mariages annulés, quoique les mœurs n'en soient pas devenues meilleures, ni les mariages qui restent, plus heureux?* Pourquoi y a-t-il cent fois plus de divorces qu'il n'y avait autrefois de séparations?.... »

Et l'illustre orateur ajoutait :

« Comment, après cette expérience de tous les temps et de tous les pays, peut-on croire à la justesse de tous les raisonnements qui se font en faveur du divorce (1)? »

Pourquoi, en 1816, un orateur disait-il devant la Chambre des Pairs :

« On a parlé, lors de l'établissement du divorce, d'alléger les nœuds de l'hymen, pour les rendre plus supportables, et de donner pour encouragement au mariage la possibilité de le rompre. On a pu apprécier, par la pratique, les résultats de cette théorie. Nous voyons dans les Journaux que sur vingt-deux mille six cent-douze enfants nés à Paris, en 1815, huit mille neuf cent soixante-douze sont nés hors mariage. Telle a été sur les mœurs publiques l'heureuse influence des nouvelles doctrines (2)! »

Mais laissons le passé; regardons autour de nous.

§ 2.

Aujourd'hui, les mariages sont-ils plus nom-

(1) Locré, V, p.61.

(2) *Moniteur* du 30 décembre 1816.

breux dans les pays où le divorce est admis que dans ceux où la séparation de corps existe seule ?

Voilà ce que les défenseurs du divorce devraient établir.

Or, le fait qu'ils avancent n'est nullement prouvé.

En France, les mariages sont, en moyenne, moins féconds que dans d'autres pays. Cela est certain. Cette infécondité relative tient à des causes très-complexes. Mais il est une chose positive : les mariages sont plus nombreux en France que partout ailleurs. En voici la preuve :

Sur 10,000 habitants, il y a :

En France	4,004	personnes mariées.
En Espagne....	3,654	—
En Italie	3,523	—
En Autriche ...	3,521	—
En Saxe	3,511	—
En Angleterre..	3,448	—
En Prusse.. ...	3,323	—
En Suède	3,265	—
En Suisse	3,106	—
En Belgique	3,051	—

Ainsi, d'après les documents de statistique internationale (1), c'est précisément en France

(1) Ce tableau est emprunté à Legoyt et reproduit

que l'on se marie le plus ; et c'est justement en France, en Espagne et en Italie -- dans les pays où le mariage est indissoluble — que les unions sont plus fréquentes. La preuve est-elle assez péremptoire ?

Il ne faut donc pas dire, comme on le dit un peu légèrement, que l'institution du divorce tend à augmenter, dans l'Etat, le nombre des mariages. C'est absolument le contraire qui est exact. Les chiffres sont là pour l'établir, avec leur éloquente brutalité.

§ 3.

Les résultats fournis par l'histoire et la statistique s'expliquent aisément.

Quelques jeunes gens et beaucoup de vieux garçons disent, en badinant, qu'ils se marieraient... s'ils avaient l'agréable faculté de se démarier ! Voilà « ce qu'on voit ». Mais voici « ce qu'on ne voit pas » : Si le divorce était admis, d'une façon absolue, et menaçait ainsi l'existence de tous les ménages, combien de pères hésiteraient à donner leur fille à un homme qui pourrait divorcer, après satiété, et

---

dans l'ouvrage de M. Tissot : *Le mariage, la séparation et le divorce*, p. 259.

laisser là sa femme avec ses enfants, pour aller, lui, se marier ailleurs? Combien de jeunes filles hésiteraient elles-mêmes à se marier si, après s'être livrées, celui qui les aurait rendues mères pouvait rompre le mariage et chercher librement d'autres épouses, selon les caprices de son cœur inconstant?

M. Naquet trouve juste et naturel de libérer de toute obligation « l'époux qui n'aime plus ou qui aime ailleurs. »

Avec de tels principes, le devoir n'est qu'un mot. C'est fort commode, en vérité, — pour les hommes surtout.

Mais qu'on se figure l'effet produit par un jouvenceau qui viendrait demander la main d'une jeune fille, en ces termes :

« Mademoiselle, j'ai hésité jusqu'à ce jour à choisir une compagne, car il est absurde et ridicule de s'engager à aimer toujours la même femme (1); l'indissolubilité du mariage et de la famille m'effraie immensément; j'ai donc attendu le rétablissement du divorce pour demander votre main; car, Mademoiselle, lorsque je ne vous aimerai plus, je veux être libre d'aimer ailleurs; et si quelque nuage survient

---

(1) On se souvient que ce sont les paroles prononcées par le citoyen Darracq, au conseil des Cinq-Cents. (Voir plus haut, page 125).

dans notre ciel d'azur, j'ai l'intention de vous laisser de jolis bébés roses pour aller en donner d'autres à une autre femme... Voulez-vous, Mademoiselle me faire l'honneur de m'accepter pour époux ? »

Il ne faut pas être prophète pour prédire la réponse de la jeune fille et de ses parents.

Assurément, nous venons de forcer la note; un fiancé, quel qu'il soit, ne dirait point aussi crûment les choses, nous en sommes persuadé. Mais tel serait, au fond, le sentiment de ceux que la perspective du divorce pousserait au mariage. Ce sentiment là, — que les apôtres du divorce proclament tout haut, — les candidats matrimoniaux se l'avoueraient tout bas. Ce serait l'idée dominante, qui circulerait partout. Les pères de famille et leurs filles seraient en droit de supposer, de pressentir, de deviner ces égoïstes calculs derrière les paroles hypocrites des solliciteurs. La méfiance dicterait force refus.

On comprend, dès lors, que l'institution du divorce n'augmente pas le nombre des unions légitimes. Et l'on ne doit plus s'étonner de voir qu'en Prusse, en Suisse, en Belgique, partout où le divorce est admis, les mariages sont, toutes proportions gardées, moins nombreux qu'en France, en Espagne et en Italie, où les familles sont placées sous l'égide tutélaire de l'indissolubilité.

CHAPITRE II.

L'institution du divorce est-elle un « gage d'union » pour les époux. — Les résultats de l'union libre. — Les enseignements du passé. — Les conséquences du divorce en France. — L'exemple des autres pays. — Eloquence de la statistique.

§ 1er.

On affirme que le rétablissement du divorce, loin de faciliter la séparation des époux mécontents, tendrait à les rapprocher. L'esprit humain est ainsi fait, nous assure-t-on. « Lorsqu'on tient l'un à l'autre, et qu'on sait qu'il règne une certaine *liberté de séparation*, on se fait des concessions réciproques et souvent, dans les ménages comme en politique, la liberté est un *gage d'union* ; tandis que, au contraire, les restrictions légales font naître la discussion et la discorde (1). » On en conclut que plus les époux seront libres de se séparer, plus ils voudront rester unis, et qu'en conséquence « la so-

(1) Discours de M. Naquet (*Journal officiel* du 28 mai 1879.)

ciété aura tout avantage à voir les liens du mariage et de la famille se resserrer d'eux-mêmes, sous l'influence salutaire de la liberté. »

Examinons la valeur réelle de cette nouvelle assertion.

Il est constant que la peur du divorce et du scandale pourrait engager un certain nombre d'époux à se faire des concessions ; de même que, pour beaucoup de gens, la crainte des procès amène des transactions.

Mais croit-on que les ennuis de la séparation judiciaire, les inconvénients des débats, les soucis de la solitude, et le reste, n'engagent pas aussi un grand nombre d'époux à continuer la vie commune ?

Ne pouvons-nous pas dire, avec quelque raison, que lorsqu'on a en perspective l'indissolubilité, on est plus porté à la tolérance ? On fait alors de nécessité, vertu. Les époux, songeant qu'ils doivent passer leur vie ensemble et rester toujours mariés, surtout à cause de leurs enfants, sont disposés à supporter les tracas domestiques. Ils se conforment plus facilement à une situation qui ne peut changer ; ils l'acceptent résolûment avec ses conséquences naturelles et obligatoires. Comme la séparation de corps impose des charges sans compensation, on prend patience avant d'y recourir. Le divorce, au contraire, grâce au mirage de l'indépendance, offre des perspectives plus riantes ; il détourne des devoirs austères et fraie un chemin aux emportements de la passion. Voilà le danger. Il est certain.»

§ 2.

Si la « liberté de séparation » devait, comme on le prétend, tendre à réunir ceux qui se sont engagés à vivre ensemble, on verrait les « unions libres » durer indéfiniment. Et, pourtant, que voyons-nous tous les jours ? Hormis quelques exceptions, à part quelques couples d'amants fidèles et unis toute la vie, — *raræ aves*, — le concubinage entraîne presque toujours la séparation à courte échéance, et souvent même l'abandon des enfants.

Sur 75,000 enfants naturels, qui naissent tous les ans en France, un tiers seulement est reconnu par la mère, un quatorzième seulement par le père ; les autres sont abandonnés. « L'union libre » jette, chaque année, sur le territoire français 50,000 enfants trouvés.

Que serait-ce, grand Dieu ! si les rêves de M. Alfred Naquet et de M. Emile de Girardin venaient à se réaliser ? Où en arriverait-on si, pour combler les vœux de ces hardis novateurs, on abolissait le mariage qui, en tous pays civilisés, est la base de la famille légitime?...

Et d'ailleurs, si la « liberté de séparation » devait, par une sorte de phénomène psychologique, empêcher la désunion des époux, logiquement on devrait voir les époux beaucoup plus unis, le jour où il leur serait plus facile d'obtenir le divorce; car, alors, l'homme sentant que sa femme peut aisément lui échapper et devenir l'épouse d'un rival, devrait entourer de soins sa compagne, et devrait, au moindre bruit révolutionnaire, se hâter de faire des concessions pour ramener sous le toit conjugal l'harmonie des pouvoirs.

Eh bien, l'expérience est faite; et là encore c'est justement le contraire qui se réalise.

Après 1792, quand le divorce était facile, quand les époux pouvaient divorcer pour incompatibilité d'humeur (c'est précisément en ce cas que l'on doit se faire des concessions), la liberté, au lieu d'être un « gage d'union », comme le dit M. Naquet, était la cause d'une désunion générale. Le mariage ressemblait au concubinage; on se quittait pour un oui, pour un non.

C'est en présence de ces abus que, le 19 floréal an III, le citoyen Bonguyot fit une motion d'ordre :

« Le divorce, disait-il, s'obtient avec trop de facilité, et il en résulte que *les enfants sont abandonnés*, leur éducation négligée; ils ne reçoivent plus les exemples de vertus domestiques, ni les soins, ni les secours de la tendresse et de la sollicitude paternelle (1). »

Le 2 thermidor an III, le citoyen Mailhe disait, de son côté, à la Convention :

« Le mariage n'est plus en ce moment qu'une affaire de spéculation; on prend une femme comme une marchandise, en calculant le profit dont elle peut être, et *l'on s'en défait sitôt qu'elle n'est plus d'aucun avantage; c'est un scandale vraiment révoltant.* »

Est-ce là du roman? N'est-ce pas de l'histoire?

Voici encore ce que disait Favart au Conseil des Cinq-Cents, le 20 nivôse an V, à propos du divorce pour cause d'incompatibilité d'humeur :

« Je ne vous parlerai pas des maux incalculables qu'il a opérés; je ne vous dirai pas que *plus de vingt mille époux lui doivent leur désunion*, et qu'ils en gémissent. Vous frémiriez si je vous présentais le tableau fidèle des victimes que le libertinage et la cupidité ont amoncelées sur la France, au nom d'une loi qui n'avait pour objet que de rendre le mariage

---

(1) *Moniteur universel*, 2 prairial an III (21 mai 1795), page 980.

plus heureux et plus respectable en rendant les époux plus libres (1). »

Et Raynaud disait, lui aussi, au Conseil des Cinq-Cents : « On a pensé qu'en admettant pour cause de divorce la disparité d'humeur on ferait cesser les dégoûts et les infidélités des époux. *Erreur funeste !* On les a multipliés, au lieu de les prévenir, *et les mœurs publiques courent d'autant plus de dangers qu'il est plus facile de rompre les nœuds du mariage* (2). »

Le divorce par consentement mutuel est-il un meilleur « gage d'union » pour les époux ? Nous allons en juger.

Voici ce que Savoye-Rollin disait au Tribunat, le 18 mars 1803 :

« On a opposé à ces considérations que le consentement mutuel n'avait que l'apparence d'une liberté mutuelle ; en effet, un mari infidèle abreuvera sa femme de dégoût et d'humiliation, en échappant lui-même à une si fatale réciprocité ; sa sauvegarde sera dans sa force et dans une plus grande indépendance personnelle ; d'où il dérive que le consentement mutuel sera presque toujours illusoire, et que la loi offre un moyen qu'elle ne peut pas donner. Par là s'évanouit un des arguments les plus

(1) Naquet, *Le divorce*, appendice, page 221.

(2) Naquet, *Le divorce*, appendice, page 212.

spécieux de ce système. Mais, se plaçât-on dans l'hypothèse la plus favorable, celle de la réalité du consentement mutuel, ne voit-on pas qu'il se pénètre de tous les inconvénients de l'incompatibilité d'humeur si justement proscrite? La légèreté des mœurs, les dissipations de la vie, ont porté une funeste indifférence dans la plupart des mariages. Qu'il en coûtera peu à des époux déjà séparés par leurs vices comme par leurs plaisirs, de rompre le faible roseau qui les lie! Qui sait si une fête, si des diamants qu'on refuse, ne seront pas le grave sujet d'une querelle et la profonde origine d'un consentement mutuel? Ah! malheur aux lois qui se jouent avec les mauvaises mœurs, et qui en suivent la pente au lieu de la redresser (1)! »

Voulez-vous d'autres preuves historiques? Elles abondent.

Le 30 ventôse an XI, le citoyen Gillet disait au Tribunat, à propos de la liberté du divorce et de ses abus :

« C'est alors que nous avons vu travestir en incompatibilité de caractère les moindres dégoûts, les chagrins les plus légers, les simples contrariétés et jusqu'aux fantaisies de l'inconstance; *ce fut une source intarissable où tou-*

(1) Naquet, *Le divorce*, appendice, page 280.

tes les passions vinrent s'abreuver et qui inonda la société de scandales (1). »

Voilà ce que M. Naquet prend le soin de citer lui-même dans « l'appendice » de son livre sur le divorce.

Peut-être nous fera-t-il observer que la loi relative au divorce avait besoin d'être modifiée et de devenir plus rigoureuse ?

Soit ! Mais alors que le savant député convienne, avec nous, que la « liberté de séparation », sur laquelle il fait fonds, n'est point un « gage d'union » et de stabilité, puisque plus l'union est libre, plus on se sépare !

C'est là, précisément, ce qu'il nous fallait démontrer.

§ 3.

Il est si vrai que le divorce tend à favoriser la rupture des relations conjugales et la dissolution de la famille, qu'en France, depuis 1792 jusqu'en 1816, on a restreint de plus en plus la liberté de la séparation.

Il est si vrai que le divorce est un principe dissolvant, qu'en Angleterre, dans un pays où, en matière d'amour et de mariage, l'on

---

(1) Naquet, *Le divorce*, appendice. page 296.

est plus froid et moins volage que chez nous, le divorce a causé de graves désordres, et que la législation n'a cessé de restreindre les cas de rupture et de mettre des entraves à cette liberté des conjoints.

Le divorce n'est plus permis en Angleterre qu'en cas d'adultère ou de crimes contre nature, et la procédure est hérissée de difficultés.

En Suisse, où le divorce est admis quand les deux époux demandent une rupture en affirmant que la vie commune est intolérable, il semble qu'une telle « liberté de séparation » devrait favoriser la constance, si l'on en croyait M. Naquet.

Or, voici, à ce propos, ce que dit M. Glasson, professeur à la Faculté de droit de Paris :

« D'après les renseignements qui m'ont été donnés, cette disposition a déjà produit, dans plusieurs parties de la Suisse, *des résultats tout à fait déplorables*. Les deux époux se portent demandeurs en divorce, et certains tribunaux prononcent de suite la dissolution du mariage sans aucune instruction préalable, Le mariage prend fin, en réalité, par le seul consentement des époux qui se bornent à remplir devant la Justice une formalité sans importance. Le mariage tend à devenir, dans certaines classes de la société, un simple bail [1]. »

Voilà où conduit la liberté de séparation. Quel gage de concorde et d'harmonie ! Le mariage devient « un simple bail » !

Ecoutez encore ce que nous apprend le savant professeur :

« Le Gouvernement suisse s'est, à juste titre, préoccupé des résultats que pourrait produire la loi nouvelle, particulièrement au point de vue du divorce. A cet effet, il a prescrit au bureau fédéral de statistique de dresser pour toute l'étendue de la Suisse, des tableaux très complets et très minutieux sur le nombre des divorces, leurs causes, la durée des mariages dissous et les professions des maris divorcés. Nous avons obtenu communication de cette statistique pour l'année 1875 ; et les tableaux dressés par le bureau fédéral donnent des renseignements de la plus haute importance. Ils constatent que le nombre des divorces est énorme en Suisse. En 1876, il a été prononcé 1102 divorces et 19. séparations temporaires. Si l'on rapproche ce chiffre de celui des mariages, on est amené à constater qu'il y a eu, en Suisse, 4 divorces sur 100 mariages. Le bureau fédéral reconnaît que, d'après les documents fournis

---

(1) Glasson, *Le mariage civil et le divorce dans les principaux pays de l'Europe*, page 160.

par les États étrangers, nulle part le divorce n'est aussi fréquent. » Et le bureau fédéral déclare : « qu'il est à craindre que le chiffre n'augmente encore en Suisse (1). »

La Belgique est un des pays où le divorce est le moins fréquent.—M. Naquet l'a fait habilement observer dans son discours à la Chambre des députés. — Mais il ne faut pas perdre de vue que la Belgique est un pays très-catholique, plus catholique peut-être que la France, et que nombre d'époux ne veulent demander le divorce à cause de leurs opinions religieuses ; ils demandent la séparation judiciaire, moins qu'en France pourtant ; mais il y a un assez grand nombre de séparations amiables.

Quoi qu'il en soit, on commence à se préoccuper, même en Belgique, des progrès relatifs que fait le divorce. On redoute des abus croissants. D'après la statistique, si le divorce est très rare dans les campagnes, il tend à augmenter rapidement dans les villes. Ainsi, de 1841 à 1850, il y a eu 224 divorces, soit en moyenne 22 par an. De 1851 à 1860, on a compté officiellement 412 divorces, soit en moyenne 41 par an. De 1861 à 1870, la moyenne s'est élevée à 65 par an. Ce résultat n'avait rien encore de très-effrayant.

---

(1) Glasson, *Le mariage civil et le divorce*, page 163

Mais, depuis 1870, la progression est énorme, dans les grandes villes surtout.

A Bruxelles, Gand, Liége et Anvers seulement, on a prononcé, en 1872, soixante-sept divorces; en 1873, soixante-dix-sept divorces: en 1874, quatre-vingt-quatre ; et, en 1875, quatre-vingt-cinq divorces (1). Quatre-vingt-cinq divorces par an, dans quatre villes, —alors qu'en 1850, on ne comptait guère qu'une moyenne annuelle de vingt-deux divorces, dans tout le royaume! *Nunc erudimini.*

Du reste, partout où le divorce existe, les désunions tendent à augmenter, c'est un fait de notoriété européenne (2).

En France, le nombre des demandes en séparation de corps n'augmente pas sensiblement, depuis une vingtaine d'années.

Voici la moyenne annuelle:

De 1861 à 1865,..........	2395	demandes.
De 1866 à 1869,..........	2922	—
De 1872 à 1875,..........	2881	—

Pendant cette dernière période de trois ans, la moyenne des demandes en séparation a donc diminué.

Quant à la moyenne des affaires de sépara-

(1) Journal de la Société de statistique.

(2) Glasson, *Le mariage civil et le divorce*, page 165.

tion de corps, terminées par un jugement, elle a été de 2,470 pendant cette période triennale de 1872 à 1875.

Avant 1850, le chiffre moyen des séparations de corps était, il faut le reconnaître, beaucoup moins élevé ; mais, d'autre part, il est juste de dire que si, depuis un certain nombre d'années, le nombre des séparations de corps s'est élevé chez nous, c'est surtout à cause de la loi sur « l'assistance judiciaire », qui a permis aux indigents de plaider gratuitement. En 1876, les 4/10 des époux séparés — presque la moitié — appartenaient aux classes ouvrières, et plus de la moitié des affaires jugées (1423) venaient des bureaux de l'assistance judiciaire.

En France, ce sont les femmes qui demandent presque toujours la séparation, — 90 sur 100.

La séparation de corps est excessivement rare dans nos campagnes, où règne une plus grande moralité que dans les villes populeuses.

La séparation judiciaire est beaucoup plus fréquente dans le nord que dans le midi de la France.

En résumé, le nombre des séparations de corps ne paraît pas très-élevé en France, si on le compare au nombre des divorces et des séparations qui ont lieu dans la plupart des pays étrangers, — en tenant compte évidemment du chiffre de la population.

Ainsi, en France, avant 1851, on ne comptait pas plus de séparations annuelles qu'il n'y a eu de divorces en Suisse pendant l'année 1876, quoique la Suisse ait dix-huit fois moins d'habitants que la France.

En 1876, il a été prononcé en France 2,534 séparations de corps ; or, la même année, il a été prononcé en Suisse 1102 divorces et 190 séparations temporaires. On voit qu'eu égard à l'importance de la population, il y a en France huit ou neuf fois moins de ménages désunis.

En 1877, le nombre des séparations, prononcées par les tribunaux français, a diminué ; ce chiffre, d'après la dernière statistique, était de 2,495 au lieu de 2,534 (1).

Les considérations qui précèdent, et surtout les enseignements de la statistique, ont leur éloquence.

En présence de toutes ces déductions, de tous ces chiffres et de tous ces faits indéniables, il nous paraît positivement prouvé que la « liberté de séparation » n'est pas un « gage d'union » pour les époux. Tout au contraire.

Ce résultat, fourni par l'expérience, est d'ailleurs parfaitement conforme aux données de la

(1) *Journal officiel*, 25 août 1879.

raison. L'homme, en général, a besoin d'un frein ; il faut que la morale, la religion ou la loi lui imposent de sages restrictions, sinon ses passions se déchaînent et bouleversent l'ordre social.

Ne parlez pas seulement des « droits » de l'homme, parlez aussi de ses « devoirs ». L'homme est libre, oui ; mais toute liberté, dans un État policé, doit avoir des bornes.

En politique, la liberté sans règles devient la licence ; dans le domaine de l'amour, la liberté sans bornes n'est autre que le libertinage.

On a beau dire, quand le divorce, voire même la répudiation, sont admis en principe, d'une manière absolue — même pour les pères et les mères légitimes — non-seulement l'union conjugale est gravement compromise, mais la stabilité des familles est ébranlée, et la société se trouve, par contre coup, dangereusement atteinte.

Le danger est d'autant plus à redouter, que le divorce, présenté par maints docteurs comme un « remède héroïque », pour les époux malheureux, devient, la plupart du temps, une arme empoisonnée entre les mains des habiles et des sceptiques, qui immolent perfidement des victimes au profit de leurs ambitions, de leurs voluptés et de leurs appétits.

CHAPITRE III.

Le divorce, admis comme une règle générale, est un principe dangereux. — Il profite surtout aux égoïstes. — Il provoque les intrigues. — Les agences du divorce. — La comédie de l'adultère. — Spéculations interlopes. — Désordres sociaux. — Exemples contemporains.

§ 1er.

Il est reconnu qu'il existe un trop grand nombre d'époux sans délicatesse. Or, — remarquez-le bien — le divorce est établi précisément à cause de ceux-là ; il n'est point, à coup sûr, institué dans un pays à cause des honnêtes gens, heureux en ménage. Ce sont précisément les individus peu scrupuleux, les déclassés de la famille, qui chercheront à profiter de la loi proposée par M. Naquet, si elle est votée par les Chambres françaises.

Si le divorce est admis, d'une manière générale, tous les individus, las des soucis domestiques, pourront à leur gré déchirer leur acte de mariage et se rire des devoirs qui leur semblent fastidieux. Et alors, combien d'hommes, de la catégorie de ceux qui séduisent les jeunes filles et les abandonnent avec leur enfant, n'hésiteront pas à rompre leur mariage pour redevenir célibataires.

Ils créeront, sans vergogne, des motifs de divorce ; ils feront tout au monde pour amener la rupture et se débarrasser ainsi de leur femme, de leurs enfants et des soins du ménage.

Et, pendant qu'ils se divertiront, la femme abandonnée ne voudra point ou ne pourra point se remarier, après cette scandaleuse équipée.

Les femmes honnêtes et les enfants seraient donc, dans ces aventures, de véritables victimes ; et le divorce profiterait particulièrement aux pères indignes de ce nom.

L'homme égoïste — qui s'appelle légion — abuserait de la faculté du divorce.

Libre, il reprendrait sa « bonne vie de garçon ». Libre, il chercherait à se remarier, quand il serait fatigué de son second célibat. Libre, il pourrait abandonner sa seconde famille et bouleverser ainsi « l'état civil », grâce à cette fantasque palinodie.

La femme sans pudeur, qui trouverait son époux et ses enfants intolérables, aurait sous la main le moyen de s'affranchir légalement de ce joug. Sous l'influence d'un habile personnage qui agirait dans l'ombre, ou même au grand jour, elle ferait prononcer le divorce pour recouvrer sa liberté d'allures.

Le foyer de la famille pourrait devenir et deviendrait un foyer d'intrigues. Les époux inconstants organiseraient eux-mêmes des drames intimes ; ou bien ils trouveraient, au besoin, des entremetteurs qui les aideraient à briser les chaînes conjugales au moment opportun.

Nous avons déjà les « agences du mariage », nous aurions sous peu les agences du divorce.

On jouerait alors la comédie de l'adultère. Et même, plus le divorce serait difficile à obtenir par les voies légales, plus les époux d'une moralité équivoque (nous ne nous préoccupons que de ceux-là) se laisseraient entraîner facilement dans les sentiers tortueux de la supercherie, pour arriver à leur but : la liberté sans bornes.

— Chimère que tout cela ! s'écrie-t-on.

— Chimère ? Eh bien, voyons encore les faits. Employons toujours la méthode expérimentale, qui nous conduit sûrement aux résultats po-itifs.

s

§ 2.

Laissons les scandales qui se produisaient chez

les Romains de la décadence. Ce temps est bien loin de nous. Parlons seulement de l'histoire moderne et des mœurs que l'on constate dans les pays où existe le divorce.

« En Angleterre, — disait Malleville, en 1803, — le divorce était devenu si abusif que, quoique les frais d'un pareil acte et d'une telle procédure soient énormes, cependant l'abondance de l'or et la corruption des mœurs rendaient les adultères et les divorces si fréquents, qu'en 1799 ils excitèrent la sollicitude du Parlement, et qu'il y eut des avis, particulièrement celui du duc de Richemond, pour abolir entièrement le divorce. »

Voici, à ce sujet, des renseignements encore plus précis :

« Quand, à la fin du siècle dernier, le Parlement anglais discuta l'abolition du divorce, l'évêque de Rochester, répondant à lord Mulgrave, affirma que, sur *dix* demandes en divorce pour cause d'adultère, il y en avait *neuf* où le séducteur était convenu avec le mari de lui donner des preuves de l'inconduite de sa femme (1). »

Autre danger. Le libertinage, la spéculation, l'agiotage matrimonial peuvent se donner libre carrière avec le divorce. Ainsi, un homme in-

(1) Locré, V, page 439.

trigant se mariera pour posséder une belle fille et sa dot ; et, après avoir possédé l'une et l'autre, il pourra forger des motifs de rupture.

Veut-on encore des « documents humains » ? En voici :

Sous le Directoire, Favart parlait « des victimes que le libertinage et la cupidité avaient amoncelées en France » sous prétexte de divorce. Et il citait des exemples :

« Ici, c'est une jeune personne dont la beauté et la vertu ont attiré et irrité les vœux d'un libertin, qui a recherché une union qu'il rompt quand sa passion est assouvie, et qui livre à l'humiliation d'être quittée une femme dont il n'était pas digne.

« Là, vous verriez un époux, heureux pendant longtemps, gémir de la perte d'une épouse chérie, qui ne sera plus rien pour lui et pour qui ses enfants ne seront presque jamais l'objet de ses soins.... A qui ce malheur est-il dû ? A l'intrigue d'un homme sans mœurs qui l'a séduite, et à la facilité de rompre un lien que les parties avaient cru serrer pour la vie.

« Plus loin, c'est la cupidité qui rompt ce lien ; presque toujours, la légèreté.

« Ne vous y trompez pas, citoyens législateurs, — s'écriait Favart — vous n'avez pas un instant à perdre, si vous voulez arrêter l'abus odieux que l'on fait du divorce pour cause d'incompatibilité. On ne cesse de vous répéter, dans une foule de pétitions qui vous sont adressées, que l'on voit *partout* des époux qui oublient leur devoir, leur honneur, foulent aux pieds toutes les bienséances, violent les lois et les obligations les plus saintes, *abandonnent sans remords leur famille* pour satisfaire des passions honteuses, et qu'il est temps enfin de mettre un frein à cette espèce de dépravation. »

On peut méditer aussi ce qui va suivre et se demander ce qui se passerait, à une époque où l'on voit déjà tant de mariages d'intérêt.

« Je pourrais ajouter, — continuait Favart, — que le libertinage n'est pas le seul vice qui a fait abuser de la loi du divorce : l'ambition s'en est servie plus d'une fois, et d'une manière fictive, pour violer l'effet d'une autre loi ; je veux parler de celle sur les successions. Il est bon de vous en citer un exemple, qui est à la connaissance d'un des membres de votre Commission.

« Une citoyenne se marie avec l'assurance de recueillir les biens d'une grand'tante. Arrive la loi du 17 nivôse qui la prive de cet espoir. Les deux époux conviennent de faire divorce. Le projet exécuté, le mari épouse la grand'tante, âgée de quatre-vingt deux ans, qui lui donne tous ses biens par contrat de mariage, ainsi que la loi le lui permettait. La vieille tante ne tarda pas à mourir, et son jeune veuf se remaria avec sa première femme.

« Je n'ai pas besoin de vous dire que ce divorce, que ce mariage n'avaient pour objet que de faire passer sur la tête des deux époux les biens de la grand'tante. Mais que devez-vous penser de la loi sur le divorce, si on peut en faire un trafic aussi honteux pour éluder d'autres lois? N'est-ce pas démoraliser le mariage que de s'en jouer de la sorte ? Quel père ne tremble pas quand il songe qu'il faut qu'il marie sa fille ? Quelle mère ne frémit pas quand elle est sur le point de signer le contrat de mariage d'une fille qu'elle a formée pour les vertus conjugales, pour le bonheur qui est le prix des devoirs pénibles auxquels elle va la soumettre? Ce contrat, qui n'est pas encore formé, est peut-être rompu dans les projets secrets de l'époux qui se présente (1). »

Que l'on ne vienne pas nous dire que ce sont là des abus passagers, qui se sont produits en France après 1792, dans un moment d'effervescence.

De nos jours, des manœuvres et des désordres de ce genre s'étalent publiquement dans

(1) Conseil des Cinq-Cents, séance du 20 nivôse an V. Naquet, *Le divorce*, appendice, pages 221 et 222.

les pays où le divorce est admis depuis longtemps, et même où les indigènes ont le tempérament moins ardent, moins passionné que les Français.

En Angleterre, par exemple, le pouvoir législatif a été, récemment encore, obligé de prévoir le cas où les époux trament des complots intimes pour obtenir frauduleusement le divorce. « Quand un jugement de la Cour prononce un divorce, les tiers peuvent, pendant un certain temps, l'attaquer en soutenant qu'il existe une *collision frauduleuse* entre les époux, et alors la Cour confirme le jugement ou l'annule, ou ordonne un plus ample informé, ou prend toute autre mesure nécessitée par les circonstances (1) ».

Aux Etats-Unis, la loi en faveur du divorce a produit de déplorables conséquences. Non-seulement « la famille » a perdu son unité et la stabilité qui fait sa force; mais la société elle-même est obligée de se prémunir contre les intrigants qui se font les courtiers malhonnêtes du divorce.

Ainsi, dans l'Etat de Massachussets, — le 11 juin 1874, — ce n'est point de l'histoire ancienne, — il a été voté un acte législatif qui a

---

(1) Glasson, *Le mariage civil et le divorce dans les principaux pays de l'Europe*, page 99.

pour objet de réprimer les « *manœuvres frauleuses* » employées dans le but d'obtenir ou de procurer le divorce.

Cette loi édicte contre les coupables une amende de mille dollars ou de deux années d'emprisonnement.

Sont-ce là des chimères ou des contes bleus ? Non. Ce sont des faits irréfragables.

L'expérience prouve donc jusqu'à quel point peuvent s'étendre les désordres sociaux que nous signalons. Ces abus, que le bon sens indique, et que la prudence redoute, ont été et sont encore, dans les Deux Mondes, une éclatante réalité.

CHAPITRE IV.

De l'influence du divorce sur les mœurs publiques. — Les unions illicites. — Le fardeau de la continence. — Les débauchés. — La « corruption publique ». — Les enfants illégitimes. — Statistique comparée. — Un regard en arrière.

§ 1er.

Le principe de « l'indissolubilité » n'est pas, — nous dit-on, — une règle aussi coërcitive que l'on croit ; outre les séparations judiciaires, il y a les séparations amiables.

« Avec la loi qui nous régit actuellement, disait M. Naquet à la Chambre des députés, vous ne connaissez pas le nombre de ces séparations ; ce nombre vous échappe ; il n'est pas dans vos statistiques et la *corruption publique* s'en accroît ; tandis que, avec le divorce, vous régulariseriez ces situations, ce qui vaudrait beaucoup mieux pour la société. »

Nous répondons :

Les époux qui se séparent à l'amiable ont presque toujours des enfants qui les rattachent l'un à l'autre ; ils veulent éviter un scandale judiciaire, qui pourrait ternir le nom de la famille. Le mariage subsiste alors, avec tous ses droits et tous ses devoirs essentiels. Souvent il n'y a pas même de séparation de biens, et les époux, dans ces conditions, ont généralement l'esprit de retour.

S'ils ont voulu éviter l'éclat d'une séparation judiciaire, comment admettre qu'ils auraient recherché de préférence l'éclat plus retentissant et plus scandaleux d'un divorce ?

D'autre part, ces Français, amiablement séparés, sont presque tous catholiques, et nombre d'époux, de femmes surtout, qui ont bien voulu se séparer à l'amiable, ne voudraient pas divorcer pour convoler en secondes noces, au mépris de leurs enfants.

Mais, — ajoute M. Naquet, — après la séparation, voici ce qui arrive :

« Comme il n'est pas conforme à la nature humaine de se plier à une loi qui vous met au ban de la société, lorsqu'on peut se passer de cette loi, les époux séparés de corps font, sans la loi, ce que la loi leur défend de faire avec elle ; et c'est ainsi qu'à défaut de ménages légitimes, honnêtes, élevant des citoyens dans la société et pour la société, vous créez une *masse d'unions illégitimes* qui, au grand détriment du pays, ou sont stériles, ou produisent des enfants adultérins.

« Et comme pour qu'un homme séparé de corps établisse un ménage clandestin, il lui faut une femme, de même que pour qu'une femme séparée établisse un ménage clandestin, il lui faut un homme, savez-vous ce qui arrive. Il arrive que les deux époux séparés de corps portent la désunion dans deux autres ménages qui n'étaient pas désunis. »

Ainsi, — et c'est là le grand argument, — lorsqu'on veut démontrer la nécessité du divorce on est obligé de supposer et d'admettre comme une vérité générale : que les époux séparés, hommes ou femmes, ne peuvent supporter le fardeau de la continence et vivent tous dans la débauche publique ou clandestine.

Il nous semble, de prime abord, que c'est faire planer un soupçon injurieux, une accusation outrageante sur les personnes des deux sexes qui restent dans le célibat.

Or, il y a de par le monde nombre de personnes qui sont obligées de garder la chasteté, et qui la gardent sans causer de désordres dans la société.

Même sans parler des prêtres, des religieux ou religieuses qui font des « vœux », et qui, en grande majorité, y sont fidèles, — il existe quantité d'individus qui n'ont pas voulu ou qui n'ont pu se marier ; par goût ou par nécessité, ils restent célibataires, et il en est plus d'un qui, dans la vie civile, ont une conduite exemplaire, tant sous le rapport du travail que sous celui de la décence et de l'honorabilité.

La plupart des veufs ne se remarient pas et savent dignement supporter cette triste situation, imposée par la mort.

Nous ne voyons pas pourquoi un père et une mère, après une séparation (dont ils sont cause, et qui n'a rien d'irrévocable) ne pourraient pas accepter noblement la situation qu'ils se sont faite, avec toutes les conséquences qu'elle comporte.

Même parmi les gens mariés qui demeurent unis, est-ce qu'il n'y a pas un assez grand nombre d'époux contraints de maîtriser leurs désirs ? La femme d'un marin, par exemple, est bien forcée de souffrir souvent la continence ; elle maudit les longues traversées ; elle vit dans des angoisses continuelles ; mais elle a des enfants qui la consolent, et elle attend le voyageur absent, avec autant de sollicitude que de résignation.

Un mari dont la femme, longtemps malade, traverse une longue convalescence, est bien obligé d'avoir pour elle de délicates attentions et d'affectueux ménagements.

Où serait donc la sainteté, la dignité du mariage, s'il était borné à la satisfaction grossière des plaisirs sensuels, et s'il n'était pas plutôt une assistance mutuelle, une associntion généreuse entre deux êtres qui se sont unis pour supporter ensemble les vicissitudes de la fortune les douleurs de la vie et les charges de la famille?

§ 2.

L'argument génésique, sur lequel on fait fonds, nous touche donc assez peu.

Aussi bien, nous trouvons que cette assertion n'est pas propre à nous intéresser vivement sur le sort des personnes à qui l'on veut offrir le divorce comme si c'était la clef d'un harem ou du paradis de Mahomet.

Si les époux séparés étaient, — comme on se plaît à le dire, — des personnes oublieuses de leurs devoirs, et vivant dans la débauche, ces personnes-là ne mériteraient pas beaucoup d'égards, d'estime ou de sympathie.

D'ailleurs, la plupart de ces débauchés, de l'un ou de l'autre sexe, n'apaiseraient pas leurs passions au moyen d'un divorce légal. S'ils se remariaient, ils feraient sans doute de mauvais ménages et divorceraient plusieurs fois. Qui a bu boira. Plus on a soif de jouissances charnelles moins on peut s'assouvir. On devient insatiable comme Messaline...

Lassata viris, necdùm satiata.

Henri VIII, le grand promoteur du divorce en Angleterre, après avoir répudié sa première femme, en épousa cinq autres successivement. Il n'y a, en effet, que le premier pas qui fasse hésiter. Il est constant que ceux qui ont divorcé une fois, et qui se remarient, ne se font pas faute de divorcer encore. Le tribun Carrion-Nisas affirmait qu'en France, pendant la première République, sur trente actes de divorce, on en trouvait dix dans lesquels l'un des époux ou tous les deux divorçaient pour la seconde fois. En effet, ce que l'on prend pour une incompatibilité relative est souvent une immoralité incurable ou une insociabilité absolue, qui est partout une cause de désordre.

Lorsqu'on rend la liberté à un prisonnier vicieux, habituellement il va commettre ailleurs de nouveaux délits. De même, l'époux vicieux qui divorce et se remarie, devient souvent un « récidiviste ».

Ceux qui useraient et abuseraient ainsi de la faculté du divorce, ne formeraient donc pas, en général, la partie saine de la nation, et les troubles sociaux, déjà causés par eux, ne feraient que renaître sous un autre toit. Serait-ce un avantage?

Quant à l'accroissement de la population, nous pouvons dire que ce ne sont pas les libertins qui « peuplent ». En tout cas, il ne suffit pas de jeter des enfants sur le pavé pour assurer la prospérité d'un pays. En admettant que la polygamie, simultanée ou successive, fasse naître plus d'enfants, la monogamie en conserve davantage. C'est précisément « l'indissolubilité de la famille » qui assure la conservation des enfants ; et ce sont les bons pères, les bonnes mères qui forment, à leur école, les bons citoyens, ce ne sont pas les Lovelaces, qui pensent seulement à satisfaire leurs plaisirs personnels et se prennent à « aimer ailleurs » quand bon leur semble.

Cependant, – dira-t-on — à côté des personnes dissolues qui pourront user et abuser du divorce, il y a d'honnêtes gens qui ont été trompés au milieu des hasards du mariage. Il y a des victimes innocentes. Pourquoi donc obliger un père et une mère, qui sont séparés, à demeurer fidèles? Cette chaste fidélité n'est pas « conforme à la nature ». Ce père et cette mère, qui ne vivent plus ensemble, doivent nécessairement « aimer ailleurs », et alors « ils font sans la loi ce que la loi défend de faire avec elle », ils contractent de part et d'autre des unions illégitimes « au grand détriment du pays ». Il vaudrait bien mieux « régulariser ces situations. »

Nous ne reviendrons pas ici sur tout ce que nous avons dit au sujet de l'obligation où se trouvent maintes personnes de s'imposer certaines privations. Pour varier nos observations, nous dirons que la plupart des époux séparés ne sont pas à la fleur de l'âge et dans la fougue des passions (1). Nous dirons encore que la loi ne doit point adopter le principe absolu du divorce, déchirer les actes de mariage et porter atteinte à l'organisation sociale des familles, pour permettre à un père ou à une mère, momentanément séparés, de satisfaire avec d'autres leurs désirs sensuels. Nous ajouterons que les époux, craignant de ne pouvoir ultérieurement supporter la continence, doivent, avant de se séparer, réfléchir sur la situation nouvelle qu'ils vont se faire : s'ils craignent d'être obligés de vivre en libertins, après la séparation, c'est une raison de plus pour qu'ils se fassent des concessions et continuent à cohabiter. Entre deux maux, qu'ils choisissent le moins honteux et le plus supportable ! En fin de compte, nous ferons observer que les époux séparés ne sont point des célibataires et ne sont point condamnés à l'abstinence perpétuelle. Un père

---

(1) D'après les dernières statistiques, en France, au moment de la demande en séparation, le mariage avait duré moins d'un an pour 17 époux, d'un an à cinq ans pour 684 ; de cinq à dix ans pour 922 ; de dix à vingt ans pour 1,070 et plus de vingt ans pour 512. (*Journal officiel* du 25 novembre 1878).

de famille, quoique séparé, a une femme légitime qui porte son nom, avec laquel e il a goûté les plaisirs du mariage, et avec laquelle il reste uni, grâce au lien de la paternité. S'il a des désirs génésiques, et s'il veut les assouvir d'une façon légitime, eh bien ! il a un motif de plus pour se réconcilier avec la femme qu'il a choisie pour compagne, avec l'épouse qui s'est donnée à lui, qui est la mère de ses enfants, et qui, fécondée par lui, « le porte partout en elle ». selon l'énergique expression de Michelet.

D'ailleurs, de deux choses l'une :

Si le père et la mère séparés de corps se conduisent bien, par devoir, et aussi par respect pour leur famille, alors ce sont d'honnêtes gens qui ne causent aucun désordre social, et en ce cas le divorce est inutile.

Si le père et la mère, — comme on le suppose, — n'ont pas assez de retenue et ne respectent pas assez leurs enfants pour se bien conduire; s'ils sacrifient leurs obligations et leur honneur à leur sensualité, ce ne sont plus des gens honnêtes, ce sont des débauchés.

Dans ce cas, le divorce sera-t-il réellement utile à la société? C'est ce que nous allons examiner.

§ 3.

Nous avons déjà vu, en parlant du divorce au point de vue particulier des pères et mères (1), que la plupart des divorcés qui voudraient et pourraient se remarier, feraient encore de mauvais ménages, et que, d'autre part, un grand nombre de divorcés, — chargés de famille — ne pourraient se remarier facilement.

Tous ces divorcés qui resteraient dans le célibat, subiraient donc les inconvénients que l'on se plaît à attribuer à la séparation de corps. — Nous disons plus ; les individus, vraiment coupables, qui auraient recouvré la liberté absolue, après avoir perdu la considération, deviendraient, à cause de leur liberté même, plus facilement licencieux ; déliés de tous leurs serments, ils seraient plus enclins au libertinage et auraient beaucoup moins de réserve que les séparés de corps, qui restent légalement unis à la mère et à l'enfant.

L'institution du divorce, qui présenterait force dangers pour la famille, n'offrirait donc point, en général, d'avantages sérieux à la société. Les mœurs publiques ne deviendraient point meilleures ; elles deviendraient pires !...

---

(1) Voir plus haut, titre V, ch. II.

Nous entendons M. Naquet se récrier.

Se récrier est chose facile ! Mais il y a loin de la théorie à la pratique. Ce sont des preuves qu'il nous faut.

Or, de tous les documents que nous avons déjà rapportés, nous devons forcément conclure que le divorce, tel qu'il a été institué, a toujours été une cause de désordres sociaux.

Au demeurant, recherchons encore les leçons de l'expérience, et voyons, au moyen de nouveaux documents, si les considérations, toutes rationnelles, que nous venons de présenter, ne se trouvent pas confirmées par la réalité des faits.

M. Naquet a déclaré que la séparation de corps était une des causes principales de la « *corruption publique* » ; il a dit partout qu'elle produisait « une masse d'unions illicites » et une légion d'enfants illégitimes, au grand détriment du pays.

En présence de ces affirmations, si souvent répétées, nous nous sommes demandé si notre pays était le plus corrompu.

Or çà ! rassurons-nous ; la France est loin d'être le pays où le nombre des enfants naturels, par rapport aux enfants légitimes, est le plus considérable.

Ainsi, sur 100 naissances, il y a :

En Bavière.......	21, 50	enfants naturels.
Wurtemberg.	15, 33	—
Saxe.........	14, 91	—
Autriche.....	14, 74	—
Danemark....	10, 84	—
Suède........	9, 36	—
Ecosse.......	9, 03	—
Prusse.......	8, 27	—
Norwège.....	7, 96	—
France.......	7, 58	—
Belgique.....	6, 49	—
Angleterre...	6, 10	—
Espagne.....	5, 51	—
Italie........	5, 25	—

Ce tableau s'applique à la période de 1861 à 1868 (1).

Depuis dix ans, le nombre des enfants naturels tend un peu à diminuer en France. C'est à Paris surtout que le chiffre des enfants illégitimes est effrayant : plus du quart des enfants qui naissent à Paris sont des enfants naturels, et la capitale fournit le cinquième des enfants naturels de France (2).

Tous ces résultats tiennent à des causes fort complexes.

(1) Maurice Block, *Statistique*, I, p. 67.

(2) L. Legrand, *Le mariage et les mœurs*, p. 34.

Si la France a, *d'après le chiffre des naissances*, plus d'enfants naturels que l'Angleterre, c'est parce que les mariages en Angleterre sont plus féconds et donnent, en moyenne, plus d'enfants légitimes que les mariages en France. D'autre part, nous sommes persuadé que ce résultat tient aussi à ce que, en Angleterre, la loi est sévère pour la séduction ; en France, la séduction est absolument impunie et la recherche de la paternité n'est pas encore admise, par exception, dans certains cas déterminés. Une réforme en ce sens ferait assurément diminuer le nombre, déjà trop grand, des enfants naturels jetés, chaque année, sur le sol français (1).

Et d'ailleurs, si l'on examine la statistique des enfants naturels, *par rapport à la population* de chaque pays, on arrive à cette proportion :

Pour 100 habitants,

En Bavière.......	0, 80
Wurtemberg...	0, 63
Saxe...........	0, 61
Autriche.......	0, 57
Danemarck....	0, 33
Prusse.........	0, 32

(1) Voir, à ce sujet, notre ouvrage sur « *La séduction* ».

Suède..........	0, 30
Norwège......	0, 25
Angleterre....	0, 22
Espagne.......	0, 22
Belgique	0, 21
France........	0, 20
Italie.........	0, 20

On voit encore, par ce tableau de statistique comparée (1), que l'Espagne, la France et l'Italie, — où la séparation de corps existe seule, — loin d'être les nations les plus « corrompues », sont précisément au nombre des pays où il y a le moins d'enfants illégitimes, soit par rapport aux naissances, soit par rapport à la population.

Que nous dit donc M. Naquet ? L'honorable député prétend « qu'il est péremptoirement prouvé que le dérèglement des mœurs est la conséquence inévitable de la séparation de corps (2). »

A nos yeux, c'est précisément le contraire qui est prouvé — d'une façon péremptoire.

§ 4.

Nous avons rempli maintenant la majeure

---

(1) Maurice Block, *Statistique*, I, p. 67.

(2) *Le divorce*, page 16.

partie de notre tâche. Avant d'aller plus loin jetons un regard en arrière, et terminons la discussion qui précède par quelques observations qui ont leur importance.

Nous avons eu souvent l'occasion de remarquer que la plupart des défenseurs du divorce s'attachent surtout à relever, dans l'intérêt de leur doctrine, certains accidents conjugaux cités par les journaux judiciaires, et à raconter, avec force détails, des mésaventures dont ils ont été témoins, ou dont ils ont entendu parler dans le cercle de leurs relations. Ils se répandent ensuite en jérémiades et pensent avoir fourni d'invincibles arguments en faveur de leur thème favori.

Tout récemment encore, M. Alexandre Dumas fils écrivait ceci, dans *le Figaro* (1), à propos de l'intéressante question du divorce : « Rien ne touche plus le lecteur qu'un fait, dans ces sortes de controverses. Il se substitue immédiatement à la victime du délit, et il se dit : Au fond, si pareille chose m'arrivait, je ne serais pas fâché qu'il y eût là, pour me tirer d'affaire, cette loi que réclame cet abominable libre-penseur, M. Naquet. »

Si l'on trouve des gens — grands amateurs de *faits divers*, — pour approuver cette

(1) 10 septembre 1879.

méthode, nous vous le donnons à penser.

A notre sens, cette manière de soutenir une thèse sociale et juridique n'est pas à l'abri de toute critique.

Et d'abord, ces faits que l'on signale à l'envi, ne sont pas toujours très probants. Ainsi, l'on voit une épouse malheureuse se jeter dans la Seine, et l'on dit : « Encore un argument en faveur du divorce ! » — Qu'est-ce que cela prouve? Croyez-vous qu'une femme dont le cœur est brisé et qui est accablée de chagrins domestiques, va de suite chercher un remède dans de secondes noces, alors que le mariage lui a si mal réussi ? Allons donc ! Le divorce serait admis, qu'elle ne songerait point forcément à y recourir. Si cette infortunée ne peut dominer son malheur, si elle est tourmentée par des « idées noires », ce n'est pas un article de loi qui l'empêchera de se donner la mort. Ne voit-on pas journellement de pauvres filles qui se suicident, à cause de leurs peines de cœur ? Et pourtant elles ne sont pas enchaînées dans les liens du mariage ; elles sont libres — et elles se tuent.

Ou bien, l'on entend parler d'un mari qui a tué sa femme, dans un accès de fureur, et l'on s'écrie : « Vous voyez bien ! Si le divorce était admis en France, cet homme aurait divorcé, et il n'aurait pas commis un meurtre ! » —

Qu'en sait-on? Est-ce qu'un homme, aveuglé par la jalousie, songe froidement aux moyens de défense que lui donne le Code? Non. Il écoute plutôt les échos d'une voix qui lui dit : « *Tue la !* » Il saisit une arme, et il tue la femme qu'il abhorre. Sont-ce les lois sur le mariage et la séparation de corps qui sont la cause de ces drames continuels? Ce sont bien plutôt les passions humaines. Est-ce que ces crimes n'ont pas lieu partout? Est-ce que ces scènes sanglantes ne se produisent pas aussi avec l'amour libre? Est-ce que la *Gazette des Tribunaux* ne nous parle pas souvent d'un amant qui a assassiné sa maîtresse ou d'une fille qui s'est vengée sur son amant infidèle? Sont-ce là aussi des arguments en faveur du divorce?...

Au reste, si le mariage — comme l'amour — fait ici et là des victimes, est-ce une raison sérieuse pour battre en brèche les grands principes sociaux sur lesquels repose la famille?

Si la séparation de corps, à côté d'avantages certains, présente certains inconvénients, — comme toutes choses, — est-ce une raison pour en demander radicalement la suppression et pour établir le divorce et la répudiation, à l'instar des Turcs et des Chinois?

Quand on résout de la sorte, d'après quelques faits particuliers, une question *d'ordre public* et *d'intérêt général*, on ressemble un peu à celui qui relèverait tous les accidents de chemins de fer pour demander la suppression de la vapeur et des voies ferrées.

Pour nous, négligeant de nous arrêter à quelques accidents spéciaux, qui peuvent apitoyer — comme tous les malheurs de ce monde, — mais qui ne peuvent servir à étayer une thèse sociale, nous nous sommes occupé des principes, d'abord, puis de la généralité des faits et de l'ensemble des résultats.

Après avoir combattu les principes admis par M. Naquet, — qui se fonde sur la liberté individuelle, la liberté de conscience et la liberté des contrats, pour réclamer le divorce au profit de tous les époux, sans distinction, — nous avons cherché et croyons avoir trouvé un principe naturel, sérieux, solide, — l'indissolubilité de la famille.

Cela posé, — sans nous perdre dans des détails infiniment petits, nous avons examiné le problème sous toutes ses faces ; nous avons envisagé la question au point de vue de l'unité domestique, — au point de vue du père et de la mère, — au point de vue de l'enfant, — au point de vue des mœurs privées et des mœurs publiques.

Si nous ne nous abusons, nous avons établi par quelques « arguments sérieux » que le divorce, — admis comme règle générale, — devient un principe dissolvant et pernicieux pour la famille, aussi bien que pour la société.

M. Naquet a prétendu que, pendant que le divorce était permis dans notre pays, « la famille était plus respectée qu'elle ne l'est à cette heure ».

M. Naquet a soutenu que le divorce avait existé en France « sans y produire le moindre désordre ».

M. Naquet a déclaré que l'institution du divorce augmentait le nombre des mariages, — était un gage d'union pour les époux, — moralisait les masses, — diminuait le chiffre des enfants illégitimes.

Nous venons de passer tout cela au crible du libre examen. On voit ce qu'il en reste.

L'histoire, les annales du Conseil des Cinq-Cents et du Tribunat, l'expérience de tous les temps, la statistique de tous les pays, nous ont fourni, ce nous semble, quelques « bonnes raisons » pour contester et renverser les principales assertions de l'honorable député, qui s'est fait depuis quelque temps le héraut du divorce.

C'est lui-même qui a convié ses concitoyens à une discussion courtoise. Nous avons accepté, pour notre part, cette libérale invitation;

nous avons consciencieusement, sans préjugé, sans parti pris, discuté la question que le député de Vaucluse a portée devant le public et devant les Chambres.

Le public et les Chambres apprécieront.

TITRE VII

Les Réformes

CHAPITRE PREMIER.

La dissolution du mariage. — Les mariages sans enfants. — Différence capitale. — Distinctions faites par le législateur. — L'opinion de Cambacérès. — La stérilité. — Statistique. — Les anachorètes conjugaux. — Avantages de la rupture du mariage, en certains cas exceptionnels. — Pas d'inconvénients sociaux. — Procédure à suivre. — Objections et réponses. — Exemples divers.

§ 1er.

Oui, le grand principe sur lequel nous nous sommes fondé pour asseoir notre opinion, est « l'indissolubilité de la famille ». Il nous a semblé que le droit naturel et le droit civil créaient une telle solidarité entre le père, la mère et l'enfant légitime, que cette « trinité «

formait un seul tout. Pour nous, la famille est une et indivisible.

Jusqu'à présent, c'est sous cet aspect que nous avons envisagé le mariage ; nous l'avons regardé comme l'origine, comme la base de la société domestique ; nous avons examiné les phases de son complet développement.

Nous nous sommes dit, avec Malleville : « C'est pour les enfants que le mariage a été établi, et c'est leur intérêt qu'il faut surtout considérer dans toutes les questions relatives au mariage. (1) »

Nous nous sommes donc occupé — en principe — du but régulier et de « l'objet social » de l'union conjugale.

Nous plaçant, dès lors, au point de vue de la stabilité des familles, de l'état civil, de la puissance paternelle, de l'ordre public et de l'intérêt général, nous avons nettement déclaré que, — selon nous, — la loi ne pouvait trancher les liens insécables qui se sont formés entre le père, la mère et l'enfant légitime.

Mais, lorsque les époux n'ont pas le bonheur d'avoir des enfants, le tableau, à nos yeux, change complètement d'aspect. Ce ne sont plus les mêmes perspectives.

---

(1) Locré, V, p. 91.

Alors, l'homme et la femme ne sont pas attachés par les nœuds indélébiles de la paternité et de la maternité ; il n'y a plus entre eux cet être qu'ils ont créé, et qui est leur substance même ; il n'y a plus entre eux cet anneau vivant qui relie le passé et le présent à l'avenir ; en un mot, il n'y a pas de « famille ».

Le mariage, nous le savons, n'a pas uniquement pour but la procréation des enfants ; les époux, surtout lorsqu'ils sont âgés, peuvent s'unir aussi pour s'entr'aider et partager les charges et les périls de la vie. Mais lorsque la discorde vient s'asseoir à leur foyer ; lorsqu'ils sont forcés de se séparer, la situation est absolument différente.

D'une part, les époux ne vivent plus ensemble et, par conséquent, ne peuvent s'aimer et s'assister.

D'autre part, ils n'ont pas d'enfants qui les unissent l'un à l'autre et soudent la chaîne indissoluble que forment les liens du sang.

Le double but de l'union conjugale n'est donc pas atteint. Du mariage, en réalité, il ne reste rien. Et de famille, point ! Pas un enfant qui puisse opposer ses droits aux devoirs des époux ! Pas un être qui laisse subsister, après la séparation de corps, les rapports naturels et civils de la famille, et qui puisse entretenir l'espoir sérieux d'une réconciliation.

En pareil cas, — abstraction faite de toute idée religieuse, qui peut faire considérer le « sacrement » de mariage comme toujours indissoluble, — et en nous plaçant, comme nous devons le faire ici, dans une étude juridique, au point de vue de l'acte *civil*, au point de vue de la *loi*, au point de vue de l'ordre *social*, — nous sommes d'avis que la *dissolution du mariage* pourrait être admise, exceptionnellement, par nos codes.

Nous sommes, en cela, conséquent avec nous-même et logique avec le principe qui nous a guidé.

Quand les époux sans enfants, qui n'ont à s'occuper que de leurs intérêts personnels, sont désunis, se détestent, vivent à cent lieues l'un de l'autre, sans avoir aucun lien, physique et moral, qui les rattache et puisse les rapprocher, quelle est la vie de ces deux êtres isolés ?

Puisque la « famille » n'existe pas alors, puisqu'il existe seulement deux personnes solitaires, y aurait-il un inconvénient *social* à leur rendre, après certaines épreuves, leur liberté mutuelle ? Nous ne le pensons pas.

L'homme et la femme, — en ce cas, — sont seuls en cause ; il n'y a point de tiers intéressés dans le contrat : il n'y a point d'enfants légitimes.

Quand il existe des enfants, le Pouvoir civil, — qui est intervenu au contrat et a pris acte du mariage, dans l'intérêt même de ces enfants, et aussi dans l'intérêt de la société, — ne peut dissoudre cette famille qui précisément s'est formée sous la sauvegarde de l'autorité publique.

« Le père et la mère qui font divorce, disait Portalis, sont réellement deux forts qui s'arrangent pour dépouiller un faible ; le Pouvoir public qui y consent est complice de leur brigandage. Cette troisième personne (l'enfant) ne peut, même présente, consentir jamais à la dissolution de la société qui lui a donné l'être puisqu'elle est mineure dans la famille, même lorsqu'elle est majeure dans l'Etat, par conséquent toujours hors d'état de consentir contre ses intérêts et à son préjudice.

« Et le Pouvoir public, qui l'a représenté pour former le lien de la société, ne peut plus le représenter pour le dissoudre, parce que le tuteur est donné au pupille moins pour accepter ce qui lui est utile que pour l'empêcher de consentir à ce qui lui nuit (1). »

Cela est juste ; nous y applaudissons. Mais, par voie de conséquence, lorsqu'il n'y a point d'enfants légitimes, lorsqu'il n'y a ni père ni mère, lorsqu'il s'agit seulement d'un « homme »

(1) Locré, V, p. 437.

et d'une « femme », qui n'ont rempli ni le but privé, ni le but social du mariage, le pouvoir public, alors, nous paraît libre de prononcer la dissolution du mariage civil qu'il a formé, lorsque cette dissolution est réclamée, pour de graves motifs, par deux parties qui sont majeures, et qui sont seules en cause. En cas pareil, il ne s'agit plus que d'un acte qui peut lier — moralement — deux individus isolés, mais qui n'a pas enfanté ces conséquences naturelles, civiles et sociales, qui sont réellement indéfinies, irrévocables, indélébiles.

§ 2.

Déjà, dans diverses circonstances, le législateur s'est justement préoccupé de la présence ou de l'absence des enfants.

L'alliance, créée par le mariage civil, se relâche ou disparaît quand il n'y a pas ou quand il n'y a plus d'enfants. Ainsi, lorsque l'épouse meurt en laissant des enfants, l'alliance *légale* continue à subsister entre le père et les parents de la mère. Pourquoi ? parce que le mariage a créé alors une « famille » et que les enfants servent de liens tant, qu'ils existent.

Mais si l'épouse meurt sans laisser d'enfants,

il est généralement admis par les jurisconsultes que l'alliance, ou l'affinité, disparaît.

Ouvrons le Code civil. Que voyons-nous? Article 205 : « Les enfants doivent des aliments à leurs père et mère et autres ascendants qui sont dans le besoin. »

Article 206 : « Les gendres et belles-filles doivent également, et dans les mêmes circonstances, des aliments à leurs beau-père et belle-mère. Mais cette obligation cesse : 1° lorsque la belle-mère a convolé en secondes noces ; 2° lorsque celui des deux époux qui produisait l'affinité, et *les enfants issus de son union avec l'autre époux, sont décédés.* »

Cambacérès disait, à l'occasion de la mort de l'épouse et des enfants légitimes : « Le gendre devient alors étranger à son beau-père. »

Les anciens jurisconsultes, Loisel, Domat, partageaient cette opinion. Et Pothier disait : « Les affins (ou alliés) sont ceux qui ont épousé une parente du mineur qui est vivante ou *dont il y a quelque enfant.* »

Dans le Dictionnaire de jurisprudence de l'Encyclopédie, on lit que « l'affinité cesse par la mort de l'un des conjoints *lorsqu'il n'a laissé aucun enfant vivant.* »

Toullier dit que, quand l'époux ou l'épouse ne laisse pas d'enfants, il peut y avoir encore

« l'alliance des cœurs », mais que « l'alliance de la loi est détruite ».

M. Carré qualifie l'affinité en ces termes: « une ombre de parenté qui s'évanouit avec l'objet qui l'a produite. »

Ces principes juridiques, dont nous avons vu la trace dans l'art. 206 du Code civil, se retrouvent dans l'art. 283 du Code de procédure civile, à propos des enquêtes:

« Pourront être reprochés les parents ou alliés de l'une ou l'autre des parties jusqu'au degré de cousin issu de germain inclusivement; les parents et alliés des conjoints au degré ci-dessus, si le conjoint est vivant ou si la partie ou le témoin *en a des enfants vivants.* »

Nous retrouvons aussi une idée analogue dans l'art. 378 du même Code:

« Tout juge peut être récusé pour les causes ci-après: 1° s'il est parent ou allié des parties ou de l'une d'elles, jusqu'au degré de cousin issu de germain inclusivement; 2° si la femme du juge est parente ou alliée à l'une des parties, ou si le juge est parent ou allié de la femme de l'une des parties, au degré ci-dessus, lorsque la femme est vivante, ou qu'étant décédée, *il en existe des enfants.* Si elle est décédée et qu'il n'y ait point d'enfants, le beau-père le gendre, ni les beaux-frères ne pourront être juges; la disposition relative à la femme décédée s'appliquera à la *femme divorcée, s'il existe des enfants du mariage.* »

Si nous citons ces textes de loi, ce n'est pas, comme bien l'on pense, pour démontrer que l'alliance n'existe pas ou n'existe plus entre les époux qui n'ont pas eu, ou qui n'ont plus d'enfants!... Il est bien évident qu'aux yeux de la loi, tant que le mariage n'a pas été dissous, naturellement par la mort, ou civilement par une dissolution légale, l'alliance existe toujours entre les conjoints sans enfants.

Ce que nous voulons dire, et ce que nous disons, à l'appui de notre thèse, c'est que le législateur a déjà tenu compte de l'existence des enfants, dans maintes circonstances.

Pendant la discussion même de la loi sur le divorce, en 1803, Cambacérès s'est également appuyé sur cette distinction capitale, lorsqu'il s'est agi d'admettre le divorce par consentement mutuel :

« Si le système du divorce par consentement mutuel est adopté, disait-il, il y a lieu d'examiner les modifications qu'on y apportera.

« La première de ces modifications consiste à *prohiber cette faculté à ceux qui ont des enfants de leur mariage.*

« Cette proposition peut étonner au premier aspect, attendu que, dans cette matière, toute l'attention se porte sur les deux époux.

« Mais le législateur ne doit-il pas aussi s'occuper des enfants? Ceux-ci ne sont-ils point des tiers intéressés au contrat de mariage? Or, combien sont à plaindre ceux qui, devant le jour à des époux divorcés, se sont vus, presque en naissant, déposés dans des familles qui leur sont à demi étrangères (1)! »

Pour nous, nous disons que, ni « par consentement mutuel », ni autrement, le divorce ne peut être admis par la loi lorsqu'il existe des enfants légitimes.

Puisque, de par le Code, l'existence des enfants maintient toujours l'alliance légale — même après la mort de l'un des époux — entre le survivant et les parents de l'époux décédé, perpétue entre eux la dette alimentaire et produit d'autres conséquences juridiques, — il serait assez singulier d'admettre que l'existence des enfants ne doit pas toujours maintenir l'alliance intime qui existe, naturellement et civilement, entre les deux conjoints eux-mêmes, entre les deux époux vivants !

Ce serait là cependant un des résultats du divorce, tel que le réclame M. Naquet ; ce serait là encore une bizarrerie légale qu'il faudrait ajouter à tous ces anomalies que nous

(1) Locré, V, p. 86.

avons signalées, en parlant du divorce au point de vue de la famille.

Quant à nous, nous n'admettons pas toutes ces singularités. Nous rejetons ces résultats étranges, qui heurtent notre raison.

Nous prenons, pour principe l'indissolubilité *de la famille*; et, conformément à nos prémisses nous estimons que, si le législateur n'a ni le droit, ni même le pouvoir de détruire réellement les liens indestructibles qui rattachent le père, la mère et l'enfant légitime, il peut fort bien prendre en considération le défaut d'enfants pour permettre, dans des cas graves, de rompre *civilement* l'alliance qui existe, en droit, entre deux époux, désalliés en fait, et qui n'ont point de descendants.

Dans cette circonstance — qui est une exception — la dissolution *du mariage* nous paraît possible, voire même assez rationnelle.

Alors, mais alors seulement, le divorce peut, sans porter atteinte à l'ordre public, permettre à un « homme » et une « femme » de briser des liens fictifs, illusoires, que plus rien ne resserre et qui, en ce cas, ne correspondent à aucune nécessité sociale.

§ 3.

M. Tissot, qui a écrit un livre remarquable sur

le *mariage*, la *séparation* et le *divorce*, et qui admet le divorce d'une manière absolue, même lorsqu'il existe des enfants, M. Tissot a cependant laissé tomber plusieurs phrases que nous nous empressons de recueillir ici : « Il est certain, dit-il, que la fécondité des unions est une raison de fait et de droit de ne point se séparer. »

Et, quelques pages plus loin, l'auteur ajoute : « Les demandes en séparation se forment *surtout dans les ménages où il n'y a point d'enfants*, où les considérations du *résultat fâcheux* de semblables démarches sur l'avenir d'une jeune famille sont nulles. »

« Les demandes en séparation, dit-il encore, ne sont pas, en général, l'effet du caprice, mais de la difficulté réelle de vivre ensemble, difficulté qui, dans la plupart des cas, augmente avec les années de mariage, *surtout lorsque les unions n'ont pas donné d'enfants* (1). »

Et enfin : « Dans le nombre des séparations et des mauvais ménages qui les engendrent, la *stérilité joue le principal rôle.* »

Si, pour nous éclairer, nous consultons encore les dernières statistiques, nous voyons qu'en France, parmi les séparés de corps, beaucoup n'ont point d'enfants, au moment de la séparation.

---

(1) Tissot, pages 254, 263 et 265.

En 1874, plus du tiers (37 0/0) des unions étaient stériles. Lors du jugement prononçant la séparation de corps, 1,081 ménages n'avaient point d'enfants.

En 1875, la proportion était la même.

En 1876, la proportion est encore devenue plus forte (38 0/0).

Ainsi, chaque année, en France, de 1,100 à 1,200 ménages sans enfants sont séparés.

Voilà donc, tous les ans, environ 2,400 individus mariés, hommes et femmes, condamnés à vivre désalliés, désunis, isolés, sans espoir sérieux de retour; car, il est constant que ce qui amène d'ordinaire la réunion des époux séparés, c'est avant tout la présence, l'affection et l'intérêt des enfants communs.

Ajoutons à cela qu'après la séparation un assez grand nombre d'époux ont le malheur de perdre leurs enfants, ou leur enfant unique, avant d'avoir pu se réconcilier.

De la sorte, il se trouve dans l'Etat un nombre considérable d'époux sans enfants, qui sont comme des naufragés, comme des anachorètes, absolument seuls dans une maison déserte. Ceux-là sont sans postérité, sans « famille », sans point de contact et de ralliement.

Ici, c'est un homme, jeune encore, qui s'est marié, et qui n'a pas atteint le but naturel et l'objet légitime du mariage : il n'a pu se créer un foyer d'affection, ni avoir des descendants, héritiers de son nom et de sa fortune ; il est séparé de sa femme, et le voilà seul, au milieu des humains, qui gémit de ne pouvoir remplir, comme chef de famille, sa mission sociale.

Là, c'est une femme qui a été cruellement trompée dans son attente. Elle a contracté mariage pour être la compagne d'un honnête homme et pour être mère : elle est mariée, mais son mari l'a quittée ; elle n'a ni compagnon à aimer, ni enfants à élever. Elle vit aujourd'hui dans une singulière situation, auprès de sa mère et de son père ; mais l'un et l'autre sont âgés, et, demain, elle restera absolument seule ; elle n'aura pas d'enfants qui l'aimeront, pas un fils qui pourra la protéger. Et à cette malheureuse femme, il ne sera pas permis, d'après la loi actuelle, de chercher honnêtement, dans le monde, un appui, un soutien ; il n'y aura pas un bras pour la défendre.

Oui, nous savons qu'il est beau, en pareille occurrence, de s'armer d'une ferme résignation, d'offrir toutes ses peines à Dieu et de vivre en carmélite, au milieu des séductions et des dangers du monde. On peut, au nom de la religion, au nom d'un « sacrement », se sacrifier sur l'autel matrimonial. C'est une loi morale, c'est un devoir pieux, c'est un beau mouvement de la conscience. Nous en convenons.

Mais, en somme, le législateur humain n'a pas la prétention d'ordonner et surtout d'imposer aux citoyens toutes les perfections évangéliques; et, à parler franc, nous comprenons l'utilité *relative* du divorce, en ces cas *exceptionnels*.

Si notre cœur et notre raison refusent de l'admettre, d'une manière absolue, pour un père et une mère, qui ont des charges communes, qui sont liés par la solidarité d'une « famille » indivisible, qui sont obligés de tout sacrifier à leurs enfants, et qui peuvent, qui doivent se réconcilier à cause d'eux, notre cœur et notre raison sont, au contraire, d'accord pour admettre, à la rigueur, la dissolution du mariage civil, lorsque nous n'avons plus en face de nous un père et une mère légitimes, mais un homme et une femme sans enfants, sans attache et sans espoir.

§ 4.

En permettant aux époux sans enfants (dont le nombre est assez [illegible]portant), de faire rompre, dans des cas graves, un mariage sans racines, sans rejetons et sans fruits, on pourrait favoriser assez souvent l'intérêt individuel, sans compromettre les intérêts sociaux que la loi civile ne saurait sacrifier.

En rompant ce mariage stérile, cette union sans lien réel, on rendrait la liberté à des personnes qui pourraient plus facilement se remarier que des divorcés chargés de famille.

Un homme seul, une femme seule seraient beaucoup plus libres, à tous égards; et leur second mariage ne présenterait pas tous les inconvénients, toutes les anomalies et tous les dangers que nous avons signalés en traitant la question du divorce au point de vue du père, de la mère et de l'enfant légitime (1).

D'autre part, le grand principe social sur lequel nous avons insisté, et qui nous paraît être humainement vrai, — l'indissolubilité de la famille, — serait toujours sauvegardé.

Le divorce ainsi admis, — non point comme une règle générale, pour *tous* les époux, mais comme une exception, pour des personnes isolées, — n'apparaîtrait plus comme une épée menaçante suspendue sur tous les foyers domestiques. La stabilité des familles ne serait point ébranlée. La situation et les intérêts particuliers des enfants ne seraient pas compromis. Les relations légales de la parenté et de l'alliance ne seraient pas gravement troublées. Les

(1) Voir plus haut, titre V, chap. II et III.

intérêts généraux de la société ne seraient point mis en péril.

En se mariant, la masse des époux ne pourrait point faire d'égoïstes calculs et escompter avec certitude les chances d'un divorce; car, en somme, qui sait positivement, le jour de son mariage, s'il aura ou non des enfants ?

Quand l'union conjugale aurait produit ses fruits naturels et réguliers, un mari ne pourrait plus abandonner femme et enfants, ni déchirer les actes de l'état civil qui sont le fondement des droits de la famille et l'origine de toutes les relations de l'ordre social.

Du reste, pour éviter de trop faciles ruptures, même entre les époux sans enfants, voici, selon nous, comment il conviendrait de procéder :

Lorsque des époux désunis viendraient, une première fois, se plaindre à la justice et demander la fin de la vie commune, les magistrats, après avoir effectué toutes les tentatives de conciliation et toutes les épreuves préliminaires que nous avons indiquées plus haut (1), devraient *toujours* commencer par prononcer la séparation de corps, qui n'a rien d'irrévocable, et qui, d'abord, devrait être « temporaire ».

Trois ans après le jugement, les époux chargés

(1) Réforme de la séparation de corps, tit. III, ch. III.

de famille, les pères et mères, qui n'auraient pu se réconcilier pendant la « séparation temporaire », pourraient, comme nous l'avons dit, venir de nouveau devant le tribunal pour demander la « séparation définitive ».

Trois ans après le jugement qui aurait ordonné leur « séparation temporaire », les époux sans enfants pourraient demander à la justice ou leur séparation de corps définitive, ou, s'ils le voulaient, la « dissolution du mariage ».

Quand deux époux, ayant un ou plusieurs enfants au moment de leur séparation de corps définitive, viendraient plus tard à perdre leurs enfants, ils pourraient, trois ans après la mort de leur dernier enfant, demander, s'ils le jugeaient utile, la « dissolution du mariage ».

Voilà la réforme que nous proposons.

§ 5.

D'aucuns seront peut-être tentés de faire à ce système, qui est nôtre, une double objection.

I. On nous dira : En France, où les mariages ne sont pas déjà très féconds, votre système pourrait engager un certain nombre d'époux à être volontairement stériles, afin de pouvoir faire prononcer la dissolution du mariage.

Et d'abord, une observation :

Si l'on croit devoir encourager en France la fécondité des époux par des dispositions législatives, on pourrait peut-être décharger de certains impôts et dispenser, — non point du service militaire, de vingt à trente ans, — mais du service de « l'armée territoriale », de trente à quarante ans, — les pères de famille ayant plus de trois enfants.

Quant à nous, personnellement, nous ne sommes guère partisan de ce genre de « prime » ; nous estimons que le sentiment de la paternité doit prendre uniquement sa source dans l'amour et dans le dévouement. Les bons citoyens doivent se sacrifier spontanément à leur famille et à leur patrie.

Cela dit, nous répondons à l'objection que nous avons imaginée :

Si des hommes sont assez lâches et assez vils pour choisir une compagne légitime, en gardant des arrière-pensées ; s'ils ne veulent point lui donner d'enfants.... afin de pouvoir... peut-être divorcer un jour ; s'il y a des hommes de cette sorte, ces gens-là sont indignes et du mariage et du sacerdoce de la paternité. On ne pourra, dès lors, que se féliciter et applaudir si la loi permet de leur enlever le titre d'époux. Et ces misérables se seront justement flétris en se refusant à eux-mêmes le noble nom de père!

II. D'autres nous diront : Mais si l'on n'accorde le divorce qu'aux époux sans enfants, tel père voudra peut-être tuer son fils unique pour pouvoir se remarier !

Voici notre réponse :

Cet homme, — s'il pouvait s'en trouver un pareil, — serait un monstre ou un fou. Comment admettre qu'un père soit assez féroce et assez insensé pour tuer son enfant.... afin d'intenter un procès contre sa femme, de faire dissoudre son mariage, et de se remarier ? Mais s'il tuait son enfant, — surtout en pareille circonstance, — il serait sûr d'être arrêté et d'être jugé avant de convoler en secondes noces ! Il serait condamné à mort. Etrange façon de recouvrer son indépendance ! Et d'ailleurs, si un mari était assez sauvage pour assassiner quelqu'un, afin de se remarier, il songerait à tuer sa femme coupable, qu'il détesterait, et non son enfant innocent, qu'il aimerait encore. N'est-ce pas évident ?

Voyons ! parce qu'il pourra se trouver, parmi des millions d'époux, un mari capable d'immoler sa femme, faudra-t-il supprimer le mariage ?

Sous prétexte qu'un père dénaturé pourra égorger un enfant, pour tâcher d'hériter de sa fortune, faudra-t-il rayer de nos Codes les lois sur la paternité et les successions?

De même, parce qu'au milieu des aberrations humaines, un crime -- encore plus invraisemblable - pourra un jour s'effectuer, doit-on craindre d'édicter des lois d'intérêt général sur la séparation de corps et la dissolution du mariage? Evidemment non.

Au surplus, nous ferons observer que, dans le système que nous proposons, après mûres réflexions, il y aurait toujours un intervalle de trois années entre la première séparation et la dissolution du mariage. Pendant trois ans au moins, les époux séparés ne pourraient se remarier; ce long espace de temps, à une époque où l'on veut mener toutes choses avec une électrique rapidité, cette longue perspective de trois grandes années refroidirait singulièrement les passions, empêcherait bien des intrigues et déjouerait bien des calculs.

Nous croyons donc que les deux objections hypothétiques, que nous venons de formuler, ne sont pas sérieusement motivées; et, sans prétendre approcher de la perfection, qui est impossible, — surtout en une matière aussi délicate que la séparation des époux légitimes, — nous estimons que le législateur, en entrant dans la voie que nous indiquons, réaliserait un véritable progrès.

§ 6.

Notre système, qui a pour base et pour règle « l'indissolubilité de la famille », et qui permet, seulement dans certains cas, par exception, la « dissolution du mariage » des personnes isolées, n'a rien, ce semble, qui soit de nature à effrayer nos concitoyens, ni même à effaroucher outre mesure les scrupules des catholiques.

Moïse, comme législateur civil, a toléré la répudiation et permis le divorce au peuple « choisi de Dieu ».

Après l'avénement du christianisme, plusieurs Pères de l'Eglise, saint Epiphane entre autres, ont admis le divorce, même lorsqu'il y avait des enfants.

L'Eglise, pendant plusieurs siècles, a toléré le divorce ; elle a même permis à plusieurs rois de répudier leurs femmes ou de divorcer. Témoin Dagobert, Pépin, Charlemagne, Philippe-Auguste, Louis XII, Henri VIII, et Napoléon Ier.

Le concile de Trente n'avait même pas condamné le divorce d'une manière absolue. Cette grande assemblée avait permis de dissoudre le mariage, même « consommé », à la condition de renoncer à la vie civile et d'entrer dans un couvent (1).

Du reste, ne peut-on pas distinguer les vérités « de foi », qui datent de l'origine du christianisme, d'avec les doctrines qui n'ont pas toujours été admises par l'Eglise elle-même? Ces doctrines-là sont-elles des dogmes éternels, des maximes immuables?...

Aussi bien, si, depuis le concile de Trente, l'Eglise, en théorie, n'admet plus le divorce, elle admet, en revanche, une série de « nullités » de mariage. Dans les cas compendieusement précisés par le droit canonique, la rupture du mariage est prononcée par les tribunaux ecclésiastiques — lors même que des enfants sont déjà issus de cette union.

Pourquoi donc les tribunaux civils ne pourraient-ils point, dans la sphère sociale où ils se meuvent, prononcer, en certaines circonstances, la dissolution du mariage civil?

Eh! mon Dieu, cela leur permettrait de se mettre parfois en harmonie avec le droit canonique lui-même.

Voici un exemple tout récent :

Un homme, un garçon coiffeur, avait demandé la main de la « patronne » chez laquelle il travaillait; les deux fiancés étaient parfai-

---

(1) Glasson, *Le mariage civil et le divorce*, page 130.

tement d'accord. Voilà les consentements échangés, à la mairie et à l'église. Le mariage est doublement célébré. Mais, le soir même de la célébration, le mari déclare formellement à son épouse qu'il ne s'était marié que pour « être en pied dans la maison » et pour rester à la tête de l'établissement commercial ; il ajoute qu'il ne sera jamais son mari effectif et refuse nettement de se rendre dans la chambre nuptiale. Le mariage est célébré en la forme, mais, au fond, il n'est pas « consommé ».

Un tel mariage pourrait sans doute être annulé religieusement ; mais il ne peut être ni annulé, ni dissous par la loi civile qui nous régit actuellement. Il n'y a pas eu « erreur sur la personne », les consentements ont été libres ; il n'y a là, aux yeux de la loi, qu'une « injure grave » pour la femme : elle peut demander la séparation de corps. Voilà son extrême ressource.

Dans notre système, un semblable contrat, qui n'a du mariage que le nom, pourrait être dissous. Franchement, ne serait-ce pas plus équitable et plus moral ?

Voici un autre fait, assez connu, que M. Naquet a cité devant la Chambre des députés :

En 1860, un mariage fut contracté. Cette fois,

ce fut la femme qui ne voulut point devenir réellement l'épouse de son mari.

« Deux années se passèrent, pendant lesquelles le mari employa toute son influence, tous les moyens qu'il avait à sa disposition pour décider son épouse à devenir sa femme effective. La femme résista. Le mari s'adressa alors à M. Jules Favre, qui plaida et fit à ce propos un de ses plus beaux discours. Mais la loi civile était formelle. Le mariage n'était pas nul. On considéra qu'il y avait une injure grave faite par la femme au mari ; qu'il y avait lieu de prononcer la séparation de corps et de biens, mais que le mariage restait bon et valable. Or, le mari était un catholique sincère, auquel l'illégalité répugnait profondément. Savez-vous ce qu'il fit ? Il alla à Rome, il réunit un tribunal ecclésiastique et lui soumit son cas. Son mariage fut annulé par le tribunal ecclésiastique. Il put alors se remarier religieusement à Rome avec une Italienne, et, à cette heure encore, il vit à Florence avec cette femme dont il a plusieurs enfants, qui est sa femme légitime au point de vue de la religion catholique, et qui est sa concubine au point de vue du droit civil (1) ».

Dans des cas de cette nature, la Loi ne

(1) *Journal officiel* du 28 mai 1879.

pourrait-elle pas, ne devrait elle pas permettre à l'un ou l'autre des époux de demander le divorce ou — si le mot effraie les oreilles françaises — la « dissolution du mariage » ? — Évidemment.

Or, dans le projet de réforme que nous proposons, la loi, — sans ébranler dans son principe l'unité de la famille, — accorderait, exceptionnellement, la libération de ces forçats du mariage.

Voici un fait d'un autre genre, qui s'est passé tout récemment en France :

« Il ne s'agit ici que d'un ouvrier et d'une fleuriste; l'histoire n'en est pas moins bien curieuse et bien probante.

« Cet ouvrier était Italien et se nommait Moltrasio. Il s'était pris de passion pour une jeune fille, sa voisine, pauvre, mais d'honnête famille, qui s'appelait Eugénie Brey. Il la demande en mariage; on la lui accorde. Il trouve moyen de retarder, sous divers prétextes, la célébration des noces; personne ne se défiait de lui. Qui aurait pu soupçonner un si infâme dessein ?

« Un jour, il profite de la liberté qui est laissée à un fiancé de voir « sa promise »; il s'empare de la pauvre enfant; il emploie la force et en abuse.

« C'était un viol, et le plus odieux de tous.

Le misérable est traduit devant les assises. Toute l'affaire s'instruit devant les jurés. Là, on apprend que la jeune fille a toujours tenu une conduite irréprochable, qu'elle est digne de toute estime, et que rien dans ses manières, dans son langage, n'a pu excuser l'horrible brutalité de ce Moltrasio. Son malheur excite la plus vive sympathie et accroît encore l'indignation que l'on sent contre l'accusé.

« Il eût été condamné assurément sans un incident d'audience, qui changea tout d'un coup la face de l'affaire.

« Le malheureux manifesta devant les juges un grand repentir de son crime ; il le rejeta en pleurant sur un accès de folie, naturel à l'amour.

« Est-ce cette attitude humiliée qui toucha le cœur de sa victime? Fit-on près d'elle des démarches actives pour l'amener à demander la grâce du coupable?

« Ce qu'il y a de certain, c'est qu'au moment où les débats tiraient à leur fin, elle s'avança à la barre, timide et baissant les yeux ; elle déclara que si l'on voulait bien lui rendre Moltrasio, elle était prête à l'épouser.

« Il devenait assez difficile d'envoyer aux galères un garçon dont la victime consentait à couvrir la faute en l'épousant. Le président renvoya l'affaire à une autre session.

« Dans l'intervalle, le mariage de Moltrasio avec Eugénie Brey fut célébré à la mairie du Panthéon, et la bénédiction nuptiale fut donnée aux jeunes époux à l'église Saint-Médard.

« Le 30 décembre 1876, l'accusé comparaissait de nouveau devant le jury. C'était une simple formalité; il fut acquitté tout d'une voix; jurés et magistrats firent, entre eux, une petite collecte, et en remirent le produit aux deux mariés pour aider le jeune ménage.

« Voilà notre homme en liberté.

« On l'attend au logis conjugal, que la mère et la fille ont paré pour le mieux recevoir et lui faire fête. Il ne s'y rend point; et comme des intermédiaires s'entremettent pour avoir la raison de cet inexplicable conduite, il déclare très nettement que s'il avait consenti à se marier, c'était contraint et forcé; que le mariage n'avait été pour lui qu'un pis-aller, préférable au bagne, et que jamais il ne reverrait sa femme !...

« Vous vous imaginez aisément le désespoir de la pauvre fille. Elle a dix-sept ou dix-huit ans. La voilà veuve pour toute sa vie, et la plus misérable des veuves; car elle est veuve avec un mari vivant (1). »

Ne serait-il pas encore utile et décent de dis-

---

(1) Journal « *Le XIXe siècle* » du 9 février 1877.

soudre de pareils mariages, alors surtout qu'il n'y a pas d'enfants légitimes ou légitimés?

Autre histoire, — que nous citons, comme celles qui précédent, uniquement à titre d'exemple, pour montrer que la « dissolution du mariage » — lorsqu'il n'y a point d'enfants légitimes — non-seulement ne présenterait pas les inconvénients sociaux sur lesquels nous avons insisté en parlant de la rupture de « la famille » par le divorce, — mais serait souvent une utile mesure et même un acte de justice :

Un Français se marie avant la guerre de 1870. Au moment où la patrie est en danger, il endosse l'uniforme et prend un fusil. — Il n'avait pas d'enfants. — Pendant la campagne, il se bat courageusement. A Metz, l'ennemi le fait prisonnier. Il végéte, pendant de longs mois de captivité, dans une place forte, au fond de l'Allemagne.

A son retour, notre brave soldat trouve sa femme enceinte de quelques mois. A la fin de 1871, naît un enfant adultérin.

Quelle est la situation du mari, sous l'empire de notre législation?

L'infortuné avait le droit d'intenter, à bref délai, une action « en désaveu », après la naissance d'un enfant, qui, manifestement, n'était pas son œuvre.

Il avait le droit de demander aussi la séparation de corps.

Eh bien, grâce à la loi que nous proposons, le mari, n'ayant point d'enfant légitime, pourrait demander la « dissolution du mariage », ce qui, dans ce cas encore, serait aussi juste que moral.

Nous pourrions multiplier les exemples. Nous pourrions citer aussi le cas d'une malheureuse femme qui a vu son mari, un assassin, condamné aux travaux forcés à perpétuité, et qui reste seule, absolument seule, sans pouvoir faire briser la chaine qui la rive pour toujours à un homme rejeté à jamais du sein de la société.

Certes, il y a là « quelque chose à faire ». Une réforme est vraiment utile.

Dans les cas exceptionnels que nous avons en vue, il y a généralement une question d'humanité s'appliquant à des personnes sans enfants, à des individus isolés, sans lien positif, à des époux désunis dont la séparation absolue ne touche plus directement aux intérêts primordiaux que nous avons défendus dans le cours de cet ouvrage.

Ces personnes, en faisant rompre par la justice, — après un certain délai, — les nœuds illusoires d'un mariage stérile, sans objet, sans espoir et sans consolation, pourraient, en recouvrant leur indépendance, chercher à contracter respectivement une nouvelle union. Un second mariage leur permettrait, alors, sans préjudice pour autrui, de vivre d'une façon plus normale, et de fonder peut-être deux familles nouvelles, absolument distinctes, — où ne s'entre-croiseraient pas les droits simultanés d'enfants hétérogènes, issus de trois lits différents, et où ne fermenterait pas, sous l'influence des marâtres, le levain des haines fraternelles.

Nous n'avons garde d'attribuer à cette réforme une action merveilleuse sur l'amélioration des mœurs publiques ; mais nous estimons que cette modification législative serait, à coup sûr, une satisfaction pour une catégorie assez importante de personnes — sans être une cause de désorganisation pour la Famille et la Société.

En un mot, nous avons jugé qu'il ne suffisait pas d'améliorer, dans le sens indiqué plus haut, notre loi sur la séparation de corps ; nous avons estimé que l'on pouvait faire, avec prudence, un pas de plus ; et, en proposant la dissolution facultative du mariage civil, dans les circonstances et dans les conditions que nous venons de préciser, nous avons pensé concilier, dans une honnête mesure, dans une sage limite, l'intérêt individuel et l'intérêt général.

CHAPITRE II.

L'amélioration des mœurs et des lois. — L'éducation individuelle. — L'amour dans le mariage. — Les bienfaits de la famille.

§ 1er.

Les plus chauds partisans du divorce semblent dire que le rétablissement de cette institution serait, dans notre pays, une sorte de panacée qui nous aménerait presque l'âge d'or. Le divorce est, dit-on, une institution « moralisatrice » qui arrêterait la « corruption publique », empêcherait « une masse d'unions illicites », et diminuerait le nombre des enfants illégitimes.

Grâce aux leçons de l'histoire, aux déductions du raisonnement et aux enseignements de la statistique, nous croyons avoir démontré que si le divorce était érigé en principe absolu, c'est-à-dire si tous les époux de France, sans exception, pouvaient avoir l'idée de l'invoquer et la faculté de l'obtenir, au mépris des enfants et des devoirs de la famille, une telle règle serait une cause de dérèglements. Dans de pareilles conditions, l'institution du divorce, loin d'arrêter la « corruption publique », lancerait à grande vitesse la société française sur la voie du désordre. On l'a bien vu après 1792.

Aussi bien, le divorce, pas plus que la séparation de corps, ne peut améliorer les mœurs. Au contraire : ils sont, l'un et l'autre, l'indice d'un malaise domestique ; ils réglementent légalement une situation toujours fâcheuse, qui a souvent pour origine l'immoralité individuelle. Or, ni la séparation, ni le divorce ne guérissent ou n'atténuent l'immoralité des époux désunis ; ils tendent plutôt à l'aggraver.

S'il est une œuvre essentiellement moralisatrice, c'est surtout l'éducation première de chaque individu. C'est par ce moyen qu'on peut avoir chance d'enrayer les progrès de la « corruption publique ».

Quoi qu'on fasse, assurément, il y aura toujours des désordres, des débordements et des drames conjugaux ; car, on se heurtera toujours contre les passions inhérentes à l'espèce humaine. Il faut donc faire « la part du feu ». Mais il faut, alors que le mal s'est produit, s'efforcer de restreindre l'étendue de la plaie, arrêter l'extension de la gangrène, et surtout éviter l'épidémie. — Comment? — En refrénant la licence et en ne faisant pas du divorce un dissolvant général qui, après la dissolution des mœurs privées, entrainerait la dissolution des mœurs publiques.

Le but qu'il faut atteindre, et que nous avons visé, c'est de causer le moins de mal possible en appliquant un appareil législatif aux blessés de l'armée matrimoniale et en faisant soit un pansement, soit une amputation à tels ou tels membres de la société.

Nous croyons avoir écarté plus d'un péril et éloigné particulièrement les risques de maladie épidémique, en proposant un système qui consacre, avant tout, « l'indissolubilité de la famille » ; un système qui moralise la loi sur la séparation de corps, en évitant le plus possible les scandales publics des débats irritants, et en facilitant toujours la réconciliation des époux ; un système enfin qui permet la dissolution du mariage, — après trois années d'épreuves, — dans des cas où une rupture paraît aussi juste que nécessaire.

Mais tout cela, nous l'avouons, est loin de suffire pour le bien de notre pays.

Si l'on veut favoriser directement les bonnes mœurs, il ne faut pas se contenter de porter secours à des individus déjà contaminés, il faut surtout empêcher le mal de se produire. Faisons donc, au point de vue social, de la médecine préventive, — c'est la meilleure, — et répandons partout, dans les villes et les villages, les principaux éléments de l'hygiène morale.

Certes, l'amélioration progressive des mœurs nationales est un problème très ardu, très compliqué et très complexe. Les causes de la dépravation sont multiples. Mais il est certain que l'éducation, l'instruction et la religion, sainement et libéralement entendues, doivent jouer un grand rôle dans cette œuvre « moralisatrice ».

A côté des préceptes mystiques de telle ou telle doctrine religieuse, il faut répandre aussi dans les masses ce que nous appellerons — dans le bon sens du mot — la « morale de l'intérêt ». En termes plus précis, il ne faut pas se contenter de faire entrevoir les récompenses ou les punitions lointaines de « l'autre monde »; il ne faut pas se borner à prêcher « le bien pour le bien », — ce qui touche seulement les âmes d'élite, — il faut, en un siècle où l'égoïsme règne à l'état endémique, pour ainsi dire, il faut bien faire comprendre, dans toutes les écoles publiques, à l'ensemble des générations nouvelles, que chacun en ce monde a un *intérêt* actuel et immédiat à marcher droit et à être honnête homme ; il faut bien expliquer, en citant de nombreux exemples, que chacun est ici-bas l'artisan de sa fortune, de sa réputation et de son bonheur intime. Sans même parler d'intervention surhumaine, il est positif que le vice porte en lui-même son châtiment, comme la vipère porte en elle-même son venin. La plupart des gens qui sont malheureux le sont par leur fait ; ils sont atteints par les résultats infaillibles de la logique des choses : ils portent le poids de la responsabilité individuelle.

En dehors des accidents matériels auxquels tout le monde est exposé, il est certain que tout homme a entre les mains sa félicité morale. Tel a « mal tourné », qui s'est mal dirigé. Se bien conduire, tout est là.

Ces vérités philosophiques, le proverbe les traduit sous une forme un peu vulgaire : « Comme on fait son lit, on se couche. »

Eh bien, n'est-ce pas surtout lorsqu'il s'agit du mariage, qu'il faut savoir bien « faire son lit »?

§ 2.

Le mariage, pour qui sait le comprendre, est la plus sage, la plus belle et la plus utile des institutions. Les gens qui trouvent que l'amour ne peut se concilier avec le mariage, sont des sceptiques, des égoïstes, des débauchés, qui traversent la vie pour y chercher seulement les plaisirs des sens, ou de « vieux garçons » qui, en somme, n'ont pas voix au chapitre.

L'amour vrai est profond et durable; et la preuve que les raffinés de la luxure ne peuvent concilier cet amour-là avec le concubinage, c'est qu'ils changent à chaque instant de hochet.

L'honnête homme a besoin de dignité, de sécurité, de stabilité; il a le sentiment impérieux d'une affection sincère et constante; il lui faut une compagne :

La vie est un voyage
Qu'on ne fait bien qu'à deux.

Il lui faut, en outre, un centre, un foyer d'intimité où son cœur s'épanouira, où toutes ses facultés se développeront, et autour duquel viendront se grouper des êtres issus de lui, des enfants, qui seront les héritiers naturels et légitimes de son nom, de ses pensées, de ses œuvres, de ses biens, des saines traditions de la famille, et qui, après sa mort, entretiendront pieusement le culte de sa mémoire bénie.

Voilà l'œuvre et le but de l'amour.

Quoi de plus noble? Quoi de plus séduisant pour une âme chaleureuse et pour un esprit bien équilibré? Ceux qui placent l'amour en dehors de l'affection légitime se trompent de mot; ils ont perdu le sens moral; ce qu'ils appellent « l'amour », c'est la volupté, pour les délicats, et la bestialité, pour la masse des libertins. Pour les uns et les autres, c'est du dévergondage, voilà tout, — et c'est peu!

L'amour ne se salit point dans la boue; il ne rampe pas dans les ruisseaux de la rue; il plane vers les hautes régions; il lui faut une atmosphère pure et sereine. La maison conjugale n'est pas un lupanar, mais le temple de l'affection. Le foyer de la famille n'est pas un harem, mais l'asile sacré du travail, du bonheur et de la paix.

Pour nous, nous connaissons plus d'un mariage conclu pendant la jeunesse des fiancés et basé sur un amour mutuel, inaltérable; les époux, après plusieurs couples d'années, s'aiment avec plus de tendresse et de force qu'aux premiers jours; le cours de la vie passe, pour eux comme un fleuve limpide, entouré de rives enchantées. — Ceux-là sont des privilégiés, nous dira-t-on. — Pardon! Il est plus juste de dire que ceux-là ont, dès maintenant, la récompense naturelle de leur sagesse et de leur conduite.

Voilà le but auquel il faut tendre, au lieu de demander — avec M. de Girardin et M. Alfred Naquet, — « l'abolition du mariage », qui mettrait assurément le comble à la « corruption publique. »

Il faut, au contraire, rehausser, poétiser, préconiser l'union conjugale, cette éternelle et sublime loi. Il faut aussi réagir vigoureusement contre les ineptes facéties des galantins. Il faut faire comprendre les voluptés charmantes de l'amour dans le mariage ; et il faut semer de tous côtés ces vivifiantes idées, non-seulement dans l'intérêt de l'ordre social, mais surtout dans l'intérêt personnel de chaque citoyen, et en vue du bonheur individuel — qui est, en somme, le meilleur gage de la prospérité publique.

C'est ce qu'a bien compris un aimable moraliste, M. Gustave Droz, qui termine son chef-d'œuvre en disant :

« Je ne crois pas au vieux célibataire heureux, je ne crois pas au bonheur de tous les êtres qui, par folie ou par calcul, se sont soustraits à la meilleure des lois sociales. On en a dit long sur ce sujet-là, et je ne veux pas augmenter le dossier de ce volumineux procès ; mais, avouez-le franchement, vous tous qui avez entendu le cri de votre nouveau-né et qui avez senti votre cœur tinter comme un verre qui va se briser, avouez, à moins que vous ne soyez idiots, avouez que vous vous êtes dit : Je suis dans le vrai, dans le beau et dans le bon. Là, et là seulement, est le rôle de l'homme. J'entre dans la voie battue, frayée, mais droite ; je traverserai les landes monotones, mais chacun de mes pas me rapproche du clocher. Je ne suis point errant dans la vie, je marche ; je soulève de mes pieds la poussière où mon père a mis les siens. Mon enfant, sur cette même route, retrouvera la trace de mes pas, et peut-être, en voyant que je n'ai point failli, dira : Faisons comme le pauvre vieux, et ne nous perdons pas dans les terres labourées.

« Si le mot *saint* a encore un sens, en dépit du métier qu'on lui fait faire, je ne vois pas qu'on puisse s'en mieux servir qu'en le plaçant à côté du mot *famille*.

« On parle de progrès, de justice, de bien-être général, de politique infaillible, de patriotisme et de dévouement.... J'en suis, morbleu ! de toutes ces bonnes choses-là ! Mais tout ce brillant horizon se résume en ces trois mots : *aimer son voisin*, et c'est précisément, à mon avis du moins, la chose qu'on oublie d'enseigner.

« Aimer son voisin, c'est simple comme bonjour ; mais c'est le diable de rencontrer ce sentiment si naturel ! Il y a des gens qui vous en montrent la graine dans le creux de la main ; mais ceux-là même qui en font commerce, de cette graine précieuse, sont les derniers à vous montrer la feuille.

« Eh bien ! mon bon lecteur, cette petite plante, qui devrait pousser en France comme les coquelicots dans les blés, cette plante qu'on n'a jamais vue plus haute que le cresson de fontaine, et qui devrait dépasser les chênes, cette plante introuvable, je sais où elle est.

« Elle est au coin du foyer domestique, entre la pelle et la pincette, à côté du pot-au-feu ; c'est là qu'elle se perpétue, et si elle existe encore, c'est à la famille qu'on le doit. J'aime, à peu de chose près, tous les philanthropes et tous les sauveurs d'humanités ; mais je n'ai foi qu'en ceux qui ont appris à aimer les autres en embrassant leurs enfants.

« On ne refera pas l'homme pour satisfaire le besoin des théories humanitaires ; l'homme est égoïste, et il aime avant tout ceux qui l'entourent. Voilà le sentiment humain et naturel : c'est celui-là qu'il faut élargir, étendre et cultiver. En un mot, c'est dans l'amour de la famille qu'est compris l'amour de la patrie, et, par suite, celui de l'humanité. C'est avec les pères qu'on fait des citoyens. »

CHAPITRE III.

Le respect de la femme. — La séduction. — Les préjugés du monde. — Gravité de cet abus de confiance. — Les conséquences de la séduction. — Son influence sur le mariage et le bonheur conjugal.

§ 1er.

Il faut aussi enseigner en France « le respect de la femme ». Il faut faire germer partout cette pensée, familière aux Anglais et aux Américains : que l'homme doit protection au sexe faible, et qu'il commet une lâcheté, un honteux forfait, lorsqu'il abuse précisément de sa force et de son influence pour se jouer d'une fille ou d'une femme.

Au sujet de la séduction des jeunes filles, il règne chez nous un étonnant préjugé, éclos, sous Louis XV, au milieu de la dissolution des mœurs, propagé par une littérature malsaine, et sans cesse entretenu, grâce au silence complaisant du législateur. On a, en France, à ce sujet, les idées les plus bizarres. L'opinion est à ce point égarée, qu'elle ne sait plus distinguer le chemin de la vérité. Le public renverse tous les rôles : lorsqu'une fille honnête a été séduite, leurrée, trompée, on ne songe pas à la plaindre; on ne la regarde pas comme la victime d'un libertin. Non. On la traite comme si elle était seule coupable. A elle la honte et la misère. C'est elle seule qui est déshonorée; elle seule qui doit supporter les conséquences de la séduction ; elle seule qui doit élever l'enfant qu'un égoïste lui a laissé. Quant au séducteur, loin de le traiter comme un coupable et un lâche, on l'exalte comme un vainqueur. Il marche le front haut. Il « pose » dans les salons ou sur les banquettes des estaminets. Il énumère ses « conquêtes ». Pour lui, la virginité est une fleur, qu'il se vante d'avoir cueillie ; pour lui, la séduction est un « succès » galant, une « bonne fortune », et, au jeu de l'amour, une fille n'est qu'un jouet qu'on brise après avoir satisfait son caprice ou sa curiosité.

Voilà encore des idées fausses qu'il faut rectifier sans relâche.

La séduction est un fait grave en soi : la séduction est un acte criminel pour tout homme qui, dédaignant les sots préjugés du monde, écoute seulement la voix de sa conscience, et qui, ne se laissant pas aveugler par l'égoïsme, jette un regard impartial sur la victime du séducteur.

Voyez cette jeune fille ; elle est au printemps de la vie ; elle est chaste, elle est pure. Elle est née pour faire le bonheur d'un époux et pour devenir une bonne mère, qui donnera de braves citoyens à la patrie. Voilà sa naturelle destinée.

Eh bien ! voici ce qui se passe :

La pauvre enfant est ouvrière ; en attendant le mariage, elle sort seule pour aller à son travail quotidien, pour faire son apprentissage et gagner honnêtement sa vie. Un Don Juan de carrefour la voit et la remarque ; il la guette, il la suit ; elle l'évite. Il s'attache à ses pas, elle accélère sa marche et, craintive, elle s'enfuit vers le toit paternel. Le séducteur ne se décourage pas ; il est habitué à ces premiers refus ; il sait que les vierges résistent et se défendent ; mais il connaît les moyens de triompher, et il s'en flatte, le conquérant ! Il revient ; il se poste, le soir, au coin d'une rue ; il attend l'ouvrière. Il l'aborde, il murmure des paroles amoureuses ; elle résiste encore. Le lendemain, il écrit de tendres billets ; il fait maintes promesses fallacieuses. Plus tard, il offre quelques cadeaux ; il prend, entre deux soupirs, de solennels engagements. Pour vaincre la résistance de la jeune fille, il lui promet le mariage, se disant *in petto* qu'il ne sera jamais son époux. La vierge, abusée, finit par le croire ; elle se laisse éblouir par ces brillants artifices ; puis, étourdie par ces obsessions, surprise par ces perfides manœuvres, trompée par ces paroles mensongères, elle succombe enfin. Elle devient enceinte. Alors, son séducteur l'abandonne. C'en est fait. La voilà déshonorée. La voilà mise, avec son enfant, au ban de la société.

Voyons ! est-ce qu'il n'y a pas là un fait odieux ? un attentat répréhensible ? un acte criminel ?

« Celui qui corrompt l'innocence par un froid calcul, a dit Larochefoucauld, est plus coupable que l'assassin qui frappe sa victime. »

Nous n'irons pas aussi loin que ce fougueux moraliste : nous ne comparerons pas le séducteur à l'assassin, mais nous dirons, avec toute l'énergie de notre conviction, que le libertin qui séduit une jeune fille honnête et l'abandonne ensuite, comme un traître, doit être assimilé à un méprisable malfaiteur.

M. Alexandre Dumas a prononcé, il y a quelques années, un mot qui est devenu célèbre. Selon lui, « la virginité des filles est un capital », et l'homme qui séduit une jeune fille commet un véritable vol.

Voici, à ce propos, comment il s'exprime :

« Une propriété et un capital doivent-ils être protégés par une loi ? Oui.

« L'honneur d'une fille est-il une propriété,

et sa virginité, un capital ? Oui. Propriété d'une telle importance, capital d'une telle valeur, que quand cette propriété a été aliénée ou dérobée, que quand ce capital a été dispersé ou détruit, il n'y a rien, absolument rien, dans tout l'univers, qui puisse les remplacer.

« Eh bien ! ce capital si important, si considérable, qu'aucun autre ne peut le remplacer, et qu'il peut en remplacer beaucoup d'autres, puisqu'il y a des hommes (que je suis loin de blâmer) qui aiment mieux épouser une fille très honnête qu'une fille très riche, — ce capital si précieux pour les pères, les mères, les filles et les époux, que lorsqu'il n'est plus où il doit être, on se désespère, on rougit, on se bat, on se tue, on meurt sous toutes les formes ; ce capital, la loi le laisse à la disposition du premier venu, et répond : « Cela ne me regarde pas », quand on vient se plaindre à elle lorsqu'on l'a dérobé. Elle ne l'assimile pas même à la valeur d'une pièce de vingt francs ou d'un pain de quatre livres ! »

Tout cela revient à dire que la loi punit l'individu qui a « volé » un pain, et qu'elle a tort de laisser impuni celui qui a volé le « capital » d'une jeune fille.

Nous sommes d'accord avec M. Alexandre Dumas, lorsqu'il demande que la séduction, la séduction frauduleuse et dolosive, soit réprimée par la loi ; mais nous ne partageons pas tout à fait ses appréciations. A nos yeux, la séduction d'une vierge ne saurait être assimilée au vol d'un capital.

Et d'abord, M. Alexandre Dumas s'est serv d'un mot qui nous semble inexact ; la virginité n'est pas, à proprement parler, un capital. La virginité est l'état d'une personne innocente qui a le cœur pur et qui ne connaît pas les plaisirs sensuels de la volupté. Or, il nous paraît difficile de comparer l'état d'une personne à un « capital ».

Un capital a une valeur qui, en général, peut être appréciée en argent. Dans le système de M. Dumas, quelle serait la valeur de la virginité? Le capital virginal aurait-il la même valeur, le même prix pour toutes les filles, pour tous les âges ?

Un capital est essentiellement productif. Or, quels produits, quels bénéfices, quels intérêts doit procurer la virginité ? Doit-elle être plus productive à seize ans qu'à vingt-huit ? dans le Midi que dans le Nord ?

Nous ne pouvons supposer que notre célèbre académicien, en disant que « la virginité est un capital » s'est rappelé le vers de Musset :

« Ta fille est belle et vierge, et tout cela se vend. »

Car, là, il s'agit de la virginité matérielle

qui, sur le marché de la débauche, peut être l'objet d'un honteux trafic. Si l'on disait, à ce titre, que la virginité, prise dans le sens restreint et physiologique du mot, est un « capital », il faudrait admettre qu'une fille peut spéculer, comme tout capitaliste, avec son trésor, et réclamer devant les tribunaux la valeur de son capital endommagé. Un tel résultat serait profondément immoral.

La virginité, dans l'acception large et évangélique du mot, n'est pas un capital ; c'est une vertu. Nous aimons à croire que l'auteur de l'*Homme-Femme* l'a ainsi entendu, lorsqu'il a dit que rien, dans l'univers, ne pouvait remplacer la virginité perdue. Mais, en disant cela, il a lui-même reconnu, sans y prendre garde, que la virginité n'était pas un capital ; car, un capital peut, ordinairement, être aliéné et remplacé par un capital de même « valeur ». Or si, de l'aveu même de M. Alexandre Dumas, aucun capital ne peut remplacer la virginité, c'est précisément parce qu'elle est une vertu inaliénable.

Cette vertu procure, à la jeune fille chaste, de la considération, de l'honneur, des avantages incontestables, comme la probité en procure à l'honnête homme. Mais la virginité a une importance toute morale, et non une valeur vénale, appréciable en argent. Aussi, lorsque la justice accorde à une fille séduite des dommages-intérêts, ce n'est certes pas pour effectuer le remboursement d'un capital « dérobé »; ce n'est pas pour payer le « prix » d'un objet perdu, non ; c'est pour infliger au coupable une réparation civile, et en même temps pour indemniser la victime du préjudice qui lui a été causé par les conséquences matérielles de la séduction et par l'atteinte portée à son honneur.

M. Alexandre Dumas, partant de cet aphorisme : « la virginité des filles est un capital », prétend que le séducteur « dérobe » ce capital et doit être assimilé à un voleur.

Il nous semble, au point de vue moral et juridique, que la séduction ne peut être assimilée au vol. D'abord, la virginité, nous l'avons dit, ne peut être comparée à un objet matériel, à une « pièce de vingt francs » ou à un « pain de quatre livres ».

Puis, le voleur qui dérobe un objet, le soustrait frauduleusement, à l'insu du propriétaire. Le filou qui vole un pain, l'enlève et l'emporte sans le consentement du boulanger. Or, le séducteur ne dérobe pas un objet matériel, et il n'agit pas à l'insu de la victime ; d'ordinaire il surprend, il extorque le consentement de la jeune fille.

La séduction, entourée de « *manœuvres frauduleuses* », — qui, selon nous, devrait être considérée au moins comme un délit, lorsqu'elle souille une fille *mineure*, — ne peut donc être comparée au vol ; elle peut être bien plutôt assimilée juridiquement à l'extorsion de signature, à l'escroquerie, à l'abus de confiance, et plus spécialement à l'excitation des mineurs à la débauche.

Le séducteur, à notre avis, peut être comparé à un fripon qui commet une extorsion de signature parceque souvent il se sert de la force, de la violence morale, de la menace, de la contrainte, pour arracher un consentement et faire signer, en quelque sorte, à la jeune fille l'acte qui doit la déshonorer.

Le séducteur ressemble à l'individu qui commet une escroquerie, pourquoi ? Parce que lui aussi emploie des « manœuvres frauduleuses » pour tromper la timide créature qu'il convoite ; parce que lui aussi prend souvent une « fausse qualité », celle de fiancé, pour escroquer la virginité d'une jeune fille, et qu'en se servant, avec fourberie, de la promesse de mariage comme moyen de séduction, il fait naître « l'espérance d'un événement chimérique », pour arriver à son but criminel.

Le séducteur commet surtout un abus de confiance, parce qu'il abuse lui aussi des « faiblesses » ou des « passions » des mineures ; parce qu'il abuse de son influence, de sa fortune et de la confiance qu'il a su inspirer, pour faire commettre un acte qui compromet gravement la personne séduite.

Eh bien ! nous le demandons maintenant aux honnêtes gens, aux pères et aux mères, est-ce aller trop loin que de considérer la séduction frauduleuse des jeunes filles *mineures* comme un véritable délit ?

Comment ! Si la loi elle-même punit de l'emprisonnement l'individu qui abuse des faiblesses ou des passions des mineurs pour leur faire souscrire un engagement préjudiciable, la loi ne doit-elle pas, à bien plus forte raison, punir le séducteur qui abuse des *faiblesses* ou des *passions* de la jeunesse féminine pour faire accomplir un acte autrement grave qu'un effet de commerce !

Un mineur, abusé, souscrit un billet de cinquante ou de deux cents francs au profit d'un fripon ; le mineur *consent*, — remarquez-le, — mais on le trompe ; on surprend, on arrache son consentement. Il y a là un « abus de confiance », aux termes de l'article 403 du Code pénal. Il y a là un délit ; cependant le préjudice est bien minime pour le mineur, bien minime pour sa famille, bien minime pour la Société, et, quel que soit le dommage pécuniaire, la victime d'un tel délit n'est jamais déshonorée.

Mais, s'il s'agit d'une jeune fille mineure, abusée, trompée, séduite par un libertin, quelle différence ! Est-ce qu'il n'y a pas là un « abus de confiance » beaucoup plus désastreux ? Est-ce qu'il n'y a pas un acte beaucoup plus répréhensible et un délit beaucoup plus grave dans ses conséquences ?

§ 2.

Les conséquences de la séduction ? mais elles sont terribles ! Après un tel attentat, lorsqu'il est connu, lorsqu'il est divulgué par le séducteur lui-même, — on voit souvent des séducteurs fanfarons, — la jeune fille est flétrie et méprisée ; elle a perdu cette auréole de pureté qui rayonnait sur son front ; elle a perdu son honneur. Perfidement délaissée par celui qui lui avait promis le mariage, elle ne peut guère songer à trouver, dans son pays, un jeune homme qui consente à l'épouser. Souvent, la malheureuse est chassée de la maison où elle était placée et où elle gagnait honnêtement sa vie. Peut-être trouvera-t-elle un asile au foyer paternel ? Mais, après cette infortune, son père est dans un furieux désespoir, et sa mère, qui l'avait entourée de tant de soins, est plongée dans une navrante douleur.

Si elle est orpheline, la victime de la séduction reste souvent seule, avec toutes les douleurs et toutes les charges de la maternité. Alors, que va-t-elle devenir ? Tantôt elle s'enfuit à Paris — ce grand pandémonium — où elle achève de se perdre. Tantôt, dans un accès de désespoir, elle songe à en finir avec une existence brisée, et elle allume, d'une main fiévreuse, le mortel réchaud. Tantôt elle roule dans les abîmes de la misère et va mendier honteusement son pain à la porte de la prostitution. Tantôt elle forme le criminel projet de donner la mort au petit être qu'elle porte dans son sein, et, quand il voit le jour, elle l'étouffe au milieu d'un atroce délire. Ou bien, si elle a l'âme fortement trempée, elle surmonte sa détresse ; elle élève elle-même son enfant ; elle le « reconnaît » ; elle lui donne son nom, ne pouvant lui donner le nom du père. Mais que de sanglots et que de peines ! Que de labeurs, alors surtout qu'elle est lâchement abandonnée !

L'enfant grandit, mais c'est un « enfant naturel ». On le flétrit. Pourquoi ? Il n'est pas coupable, lui. N'importe ! Il doit subir le fardeau d'une existence qu'il voudrait n'avoir jamais reçue. Il doit supporter les affronts dont on le force à rougir. On imprime sur son front une tache indélébile ; on lui reproche, quoi ? son acte de naissance. Sa mère était une « fille » ;

son père l'a abandonné. Cela suffit, aux yeux du monde, pour le couvrir d'infamie, le pauvre être, et pour glorifier l'homme « à bonnes fortunes » qui l'a jeté sur le pavé. — C'est odieux.

Si la mère infortunée n'a pas assez de courage pour reconnaître et élever son enfant, elle l'abandonne, elle aussi. Il devient alors un « enfant trouvé ». Il tombe dans les bras officiels de l'Assistance publique; il est à la charge de la société.

On l'élève, — Dieu sait comme; et quand il a vingt ans, que devient-il ? Il est « né de père et mère inconnus ». C'est une créature anonyme. Il se trouve isolé, sans appui, sans soutien dans le monde. Pas un père pour le guider. Pas une mère pour le chérir. Pas une sœur. Pas un parent. Pas un ami d'enfance. Pas un foyer domestique. Rien ! *Væ soli*. La solitude, comme la misère, est mauvaise conseillère, et bien souvent le malheureux va grossir le nombre des parias modernes.

Tous ces enfants abandonnés, au lieu de blâmer la faute de leurs parents, — de leur père surtout, — se plaisent à accuser les gouvernements, quels qu'ils soient ; ils prennent la société pour une marâtre, sans cœur et sans entrailles ; ils s'insurgent contre elle. Et ce sont ces déshérités qui, dénués de tout, se vautrent dans la fange du vice et du crime, et peuplent, suivant le sexe, les bagnes ou les lupanars!...

Voilà les conséquences ordinaires de la séduction. Et certes, si l'on se place au point de vue moral, au point de vue juridique, au point de vue social, et si l'on considère toute l'étendue du mal causé par le séducteur, soit à la jeune fille, soit à l'enfant naturel, soit à la famille de la victime, soit à la société, on demeure, avec nous, profondément convaincu qu'il y a, dans le fait de la séduction frauduleuse d'une enfant mineure, un délit cent fois plus grave qu'une banale escroquerie ou qu'un vulgaire abus de confiance.

Eh bien! malgré la gravité d'un tel acte, malgré la portée désastreuse de ses conséquences, la loi pénale, depuis quatre-vingt dix ans, ne réprime plus, en France, la séduction, et la loi civile déclare aux séducteurs qu'ils ne sont jamais responsables de leur paternité (1).

Qu'en résulte-t-il? Les séducteurs abondent

---

(1) Les considérations qui précèdent se retrouvent dans notre ouvrage sur « *La séduction* ». Le lecteur pourra y puiser beaucoup de faits et de détails complémentaires, notamment sur le projet de réforme que nous avions formulé, en 1876, sur la recherche exceptionnelle de la paternité, dans certains cas déterminés.

Nous avons été heureux de voir, récemment, une proposition de loi présentée en ce sens, devant le Sénat, par M. Bérenger et quelques autres de ses collègues.

et, avec eux, tous les maux qu'enfante naturellement la séduction.

Parmi les conséquences de la séduction, nous avons cité le suicide, la prostitution, l'avortement, l'infanticide, l'abandon des enfants naturels.

Mais voici un de ses résultats indirects qui se rattache intimement à notre sujet principal.

Au nombre des Lovelaces qui subornent les mineures, il n'est pas rare de trouver des hommes mariés, qui, encouragés par l'extrême indulgence de nos mœurs et de nos lois, ne respectent pas les jeunes filles, créent des enfants illégitimes, jettent le trouble dans des familles étrangères et amènent le désordre dans leur propre ménage. — De là des séparations entre époux.

D'autre part, lorsqu'une jeune fille a été séduite dans les conditions les moins défavorables, c'est-à-dire sans scandale et sans suite palpable, non-seulement elle a perdu ce que M. Alexandre Dumas appelle un « capital », — le seul peut-être qu'elle aurait pu apporter en dot à un honnête homme, — mais elle a perdu aussi cette délicatesse que lui avait départie la nature et cette chasteté instinctive qui devait être pour elle un palladium.

Si, un jour, cette jeune fille se marie, — non pas avec son séducteur, qui s'est galamment empressé de l'abandonner, — elle peut être une bonne épouse, pendant les premiers temps du mariage; mais quand, à l'occasion, un « ami du mari » s'introduit au domicile conjugal, se montre empressé et joue le rôle de séducteur, la femme, qui a déjà été séduite, la femme qui n'a pas apporté à son époux les prémices de son amour, se laisse plus facilement qu'une autre entraîner sur le chemin de l'adultère. Sa première faute, en la dépouillant de sa vertu native et en déflorant son cœur, lui a fait perdre cette intuition de la dignité morale et paralyse ces courageuses révoltes de la pudeur outragée.

La séduction, indépendamment de toutes les conséquences que nous avons indiquées, a donc pour effet de porter une grave atteinte au mariage; elle empêche d'abord nombre d'honnêtes filles de devenir plus tard d'honnêtes femmes; elle en fait des prostituées. Puis, elle souille à jamais celles qui peuvent se marier et les empêche souvent d'être des épouses fidèles et des mères édifiantes. Ce sont celles-là surtout qui par leur inconduite motivent plus tard les séparations et les divorces.

A ce point de vue particulier, il est donc très important de réprimer la séduction. Le mal, au lieu de s'accroître progressivement, restreindra peu à peu l'étendue de ses ravages.

On verra plus de femmes heureuses de faire sagement le bonheur d'un époux. La loi, d'accord avec la morale, balaiera les ridicules préjugés, rectifiera les idées fausses, donnera le sentiment du juste, et apprendra ainsi aux citoyens « le respect de la jeune fille », dont la mission sociale est d'arriver aux joies légitimes et pures du mariage et de la maternité.

CHAPITRE IV.

L'adultère. — Les devoirs réciproques des époux. — La fidélité conjugale. — Préjugés. — Les conséquences de l'adultère. — Nos lois et nos mœurs. — Ré[illegible]m[illegible].

§ 1er

Nous nous sommes étendu, dans le précédent chapitre, sur les effets de la séduction et sur le châtiment qui, selon nous, devrait correspondre à la gravité de cet attentat aux mœurs des jeunes filles. Nous avons montré l'influence de ce fléau social sur le mariage et la désunion des époux. Il nous reste maintenant à parler d'un second fléau, qui dérive du premier, mais qui trouble, d'une façon immédiate, l'union conjugale ; nous voulons parler de l'adultère.

Nous n'hésitons pas à reconnaître que, dans ce cas, la séduction revêt, — à un autre point de vue que la séduction des mineures, — un caractère spécial de gravité. Aussi demanderons-nous, par respect pour le mariage, et dans l'intérêt des mœurs publiques, une répression énergique pour les fauteurs de ce rapt domestique.

Voyons d'abord comment la loi française règle les obligations réciproques des époux.

Parmi les devoirs du mariage, plusieurs sont communs aux deux époux ; et si la loi, guidée par la nature même des choses, accorde à l'homme quelques droits particuliers, chacun de ces droits a pour corrélatif un devoir que le mari est obligé de remplir à l'égard de sa femme.

Ainsi, la femme doit « obéissance » à son mari ; mais, en retour, son mari lui doit « protection ».

L'obéissance de la femme est-elle contraire à sa dignité ? Nous ne le pensons pas. Nous avons déjà indiqué plusieurs raisons qui militent en faveur de la « puissance maritale ».

La compagne du mari n'est pas une esclave. L'homme n'est pas le maître de la femme ; il est le chef de la famille, comme la nature veut qu'il le soit. Cela est si vrai que, si les rôles sont intervertis, si la femme se pose en virago et s'arroge l'autorité, elle se couvre de ridicule, et que l'on est disposé aussi, par un mouvement instinctif, à traiter comme un niais l'homme-femme qui porte les jupons.

D'ailleurs, si les deux époux ne sont et ne peuvent être égaux, dans l'ordre de la nature et du droit, il doit cependant régner entre eux une égalité morale.

Un mari, qui a le cœur bien placé, n'oublie pas que sa jeune épouse lui a confié le soin de ses jours et l'a préféré à tout ce qu'elle avait de plus cher au monde.

Une femme, bien née, sait qu'elle doit aimer et honorer cet époux à qui elle a donné empire sur sa personne.

Un mari intelligent doit instruire sa femme, non certes en maître d'école ou en pédant, mais en galant homme; il doit peu à peu l'initier à la vie, rectifier ses idées fausses, fortifier sa raison, ouvrir à sa pensée des horizons nouveaux, qui lui ont été cachés par une instruction incomplète; en un mot, il doit, autant que possible, lui faire partager sa vie intellectuelle.

Une femme délicate doit, de son côté, achever, avec une gracieuse complaisance, l'éducation morale de son mari qui, à coup sûr, n'est point parfait; elle doit polir doucement les angles trop rugueux de son caractère, arrondir ses manières, corriger ses mauvaises habitudes et développer ses sentiments affectueux.

Un homme, désireux de conserver sous le toit conjugal une harmonie charmante, doit avoir confiance en sa femme et, bien qu'il soit le chef de la famille, parler à sa compagne des affaires communes, lui demander son avis. Le tact, la finesse et une pénétration particulière semblent être dévolus à la femme pour compléter ce qui manque à l'esprit, plus robuste mais moins subtil, de l'homme. Un mari expansif aura donc souvent à se louer des conseils ou des inspirations de sa compagne. Il doit aussi l'entretenir de ses espérances, de ses projets et de l'avenir de ses enfants.

Ainsi doivent se conduire deux époux, toujours égaux, dans une communauté parfaite de sentiments et d'intérêts, toujours d'accord, dans une confiante intimité.

Le mari doit protection à sa femme. — Qu'entend le Code par ces mots ? — La loi veut dire, strictement, que l'homme doit défendre sa femme contre tous les dangers qui peuvent l'assaillir et qu'il ne doit pas la frapper. Quoi de plus cruel et de plus lâche que d'abuser de sa force pour maltraiter une faible créature qu'on doit protéger !

Mais il y a plus ; à côté de la protection physique, pour ainsi dire, il y a une protection tout aussi nécessaire, — c'est celle qui garantit l'inexpérience contre les piéges qui lui sont tendus, met l'innocence à l'abri des périls, combat les influences malsaines, d'où qu'elles viennent, et éloigne l'essaim des séductions qui peuvent si souvent assiéger le cœur d'une femme.

L'épouse légitime est obligée d'habiter avec son mari et de le suivre partout où il juge à propos de résider, même à l'étranger. Elle doit quitter son pays, renoncer à sa mère, à ses parents, suivant les paroles de l'Evangile, et accompagner l'époux qu'elle a accepté pour guide.

Mais là, en somme, le devoir est réciproque : le mari est obligé de recevoir sa femme et de lui fournir tout ce qui est nécessaire pour les besoins de la vie, selon ses facultés et son état.

Les époux se doivent mutuellement secours et assistance. — Les secours pécuniaires ne suffisent pas : un époux courbé par la maladie, accablé par les infirmités, doit être assisté, soigné, consolé par celui qui a juré de partager avec lui les misères de ce monde : *consortium omnis vitæ*. C'est là un devoir d'humanité, que la morale impose en même temps que la loi. Que de dévoûments sublimes s'abritent à l'ombre discrète du toit conjugal ! Que de vertus cachées l'on pourrait signaler ! Que la femme est forte au milieu de l'adversité ! Que de consolations elle sait répandre autour d'elle ! Epouse, mère, elle sait, mieux que personne, que l'amour se prouve par le sacrifice et la constance : elle n'hésite point à se sacrifier.

Les époux se doivent mutuellement fidélité (1).

---

(1) Art. 212 du Code civil.

Nous retrouvons ici les mêmes préjugés mondains qu'à l'endroit de la séduction. Le théâtre et le roman contemporains ont joué trop facilement avec ce devoir sacré qui repose sur un serment. L'adultère est, pour ainsi dire, le pivot invariable de toutes les comédies qui se déroulent sur la scène ou dans les livres romanesques. A-t-on voulu flétrir publiquement cette trahison conjugale ? Nous ne saurions le dire. Mais si nous jugeons les choses plutôt d'après les résultats que d'après les intentions des dramaturges, il est permis de croire qu'en définitive on a habitué le public à s'amuser des « ménages à trois ». On se moque de Sganarelle; on glorifie son coadjuteur. C'est lui qui est le « héros » de la pièce.

Depuis longues années, avec ces fades plaisanteries, on a fini par dépraver le sens moral; en donnant au vice des couleurs riantes et à l'adultère un reflet galant, on a invité les gens à être vicieux ; on a fait complaisamment de la propagande pour les braconniers du mariage; on a inculqué au peuple des préjugés ridicules qui font encenser l'amant et bafouer le mari.

Puis, sans y prendre garde, on a déconsidéré la famille française, aux yeux de l'étranger. Un Anglais, un Américain, un Allemand vient à Paris ; il va au théâtre : il voit sans cesse applaudir l'adultère. Il n'est pas éloigné de croire que l'infidélité est, chez nous, la règle générale (1).

Cependant, quelles que soient les influences contagieuses du théâtre et du roman, quelle que soit l'imperfection de nos mœurs, les désordres adultérins sont encore une exception. Dieu merci, pour la grande majorité des familles françaises l'honnêteté est la règle. Disons-le bien haut.

L'adultère, en France, est une cause de séparation de corps qui est moins fréquente qu'on ne le suppose communément.

Ainsi, en 1875, sur 2,997 affaires de séparation de corps, il y en avait 169 motivées par l'adultère de la femme et 105 par l'adultère du mari (2). Cette proportion est, à peu de chose près, la même chaque année. En 1877, il y a eu 178 séparations fondéés sur l'adultère de la femme et 78 sur l'adultère du mari (3).

Toutefois, — on ne saurait se le dissimuler, — l'adultère exerce de funestes ravages. Bien des méfaits restent cachés dans l'ombre. Bien

---

(1) Un auteur allemand, M. Riehl, après avoir vu Paris, dit, dans son livre sur *La famille*, que les Français ne connaissent point la vie domestique et vivent hors de chez eux, dans le libertinage.

(2) *Journal officiel* du 19 novembre 1877.

(3) *Journal officiel*, 25 août 1879.

des affaires sont étouffées. On évite la lumière du prétoire ; et tous les complices de ces félonies conjugales ne viennent pas échouer sur les bancs des tribunaux.

Quelles sont les origines de ce mal ? Il faudrait tout un volume pour étudier les vices de notre éducation, de nos mœurs, de nos habitudes matrimoniales, et pour remonter aux diverses causes de l'adultère.

Examinons seulement ici les conséquences de l'infidélité.

§ 2.

Généralement, — c'est là une vérité sur laquelle nous insistons parce que nous voudrions la voir pénétrer parmi les masses populaires, — toute infraction à la loi morale porte avec elle sa punition. De même que l'alcool, le tabac, l'absinthe et tous les poisons à la mode châtient horriblement ceux qui en abusent ; de même, les vices et les crimes ont, logiquement, des effets réguliers, implacables, qui flagellent et stigmatisent les coupables pendant toute leur vie. — Demandez aux vieux libertins.

Les époux qui, démoralisés, par les sophismes, obsédés par le désœuvrement, fatigués par l'ennui, séduits par les âpres saveurs de la débauche, cherchent le bonheur, non dans le calme du foyer et dans les doux sentiments de la famille, mais dans la fièvre délirante de la passion, mettent toujours leurs lèvres à une coupe empoisonnée.

L'adultère est suivi, tôt ou tard, de cruelles amertumes. L'ivresse du plaisir dure « ce que vivent les roses », et, après un rêve éphémère, le coupable se réveille tout à coup, mordu au cœur par les dents acérées du remords, lorsqu'il ne tombe pas frappé par une main vengeresse.

Le châtiment sort du crime, comme la foudre, du nuage.

Cette sanction naturelle ne suffisait pas. La loi positive, en ordonnant aux deux époux d'être fidèles, a sanctionné l'obligation réciproque qu'elle a imposée. Elle a fait de l'adultère un motif de séparation de corps et a infligé une peine à l'époux inconstant.

En parlant, dans le cours de ce livre, des causes de la séparation de corps, nous avons signalé la tolérance du code à l'égard du mari, qui n'est censé outrager sa femme que lorsqu'il a l'extrême impudence d'entretenir une concubine à côté de la chambre conjugale. Nous avons dit notre sentiment à ce sujet. Nous avons combattu certaines idées, reçues avec trop de complaisance.

Une grande dame du temps de Louis XV disait à son auguste époux : « Vous pouvez m'être infidèle tant qu'il vous plaira ; avec d'autres, vous ne pourrez jamais faire que des bâtards ; moi, je vous donne toujours des enfants légitimes. »

De ce que l'adultère de la femme peut donner à un époux des enfants pseudo-légitimes, on en conclut que cette faute a des conséquences beaucoup plus graves que celle du mari. A un seul point de vue, c'est possible. Mais nous avons déjà fait apercevoir une autre face de la question et montré les résultats de l'inconduite du mari, — lesquels, pour être différents, n'en ont pas moins de gravité.

Nous avons dit, à ce propos, que la loi civile, après avoir imposé la fidélité à chacun des époux, devrait, logiquement, donner la même sanction à ce même devoir et faire, en conséquence, de l'adultère un motif légal de séparation, sans distinguer, — à l'instar des casuistes, — si c'est à tel endroit ou de telle façon que le péché a été commis (1).

Il nous reste, pour être complet, à placer ici l'adultère au point de vue de la loi pénale.

L'article 308 du code civil est ainsi conçu : « La femme contre laquelle la séparation de

---

(1) Voir plus haut, pages 94 et suiv.

corps sera prononcée pour cause d'adultère sera condamnée par le même jugement, et sur la réquisition du ministère public, à la réclusion dans une maison de correction, pendant un temps déterminé, qui ne pourra être moindre de trois mois, ni excéder deux années. »

Et l'article 309 ajoute : « Le mari restera maître d'arrêter l'effet de cette condamnation, en consentant à reprendre sa femme. »

Le législateur de 1803, ne voulant point laisser l'adultère impuni, a décrété de suite cette pénalité, avant la confection du Code pénal. Ce ne devait être là, ce semble, qu'une mesure transitoire.

Il est assez singulier de trouver aujourd'hui cette disposition répressive égarée au milieu du Code civil ; il est non moins singulier d'entendre des juges civils prononcer une peine correctionnelle. Il est anormal aussi de voir deux pénalités différentes contre la femme adultère.

L'article 337 du Code pénal est ainsi conçu : « La femme convaincue d'adultère subira la peine de l'emprisonnement pendant trois mois au moins et deux ans au plus. »

Il nous paraît préférable de laisser dans le Code pénal seulement ce qui a trait à la répression. – On éviterait ainsi, dans la pratique, certaines difficultés sur lesquelles il est superflu de nous étendre ici.

D'autre part, il faudrait effacer des bizarreries encore plus choquantes.

Nous comprenons fort bien que la poursuite d'un adultère n'ait lieu que sur la plainte de l'époux offensé. Il faut conserver cette disposition de la loi. Le mari seul peut porter plainte contre sa femme; la femme seule, contre son mari. C'est fort sage. Il serait trop dangereux de permettre aux parents, aux voisins, aux concierges, aux domestiques, aux premiers venus, et même au ministère public, de s'immiscer dans l'intimité de la vie conjugale. Quand il n'y a pas eu de scandale et d'éclat, il peut être opportun

De garder de Conrart le silence prudent.

Le conjoint outragé doit être l'unique arbitre de cette délicate situation.

A la rigueur, nous comprenons aussi que le mari, après avoir porté plainte au ministère public, puisse faire cesser l'effet de la condamnation qu'il a provoquée « en consentant à reprendre sa femme ». L'intérêt des enfants et de la famille peut impérieusement exiger cette « grâce ». On doit s'incliner ici devant le pardon marital.

Mais voici où nous rencontrons des singularités, qui ne sont pas assez connues.

Le Code pénal (art. 336) dit que le mari perd

la faculté de porter plainte contre sa femme adultère, si lui-même a entretenu une concubine dans la maison conjugale.

Cette sorte de « compensation » nous paraît un peu bien étrange. S'il y a double délit et double plainte, le ministère public devrait, ce semble, avoir le droit de poursuivre deux coupables, et en même temps le complice, qui est sans doute le fauteur de tout ce désordre.

Remarquez, du reste, que le mari, en cette aventure, a encouru une déchéance perpétuelle; il ne peut plus se plaindre des déportements ultérieurs de sa Messaline : la loi lui met un baillon. La femme adultère, qui n'a plus de châtiments légaux à redouter pour ses désordres passés, présents et futurs, peut se livrer impunément à la luxure. N'est-ce pas engager le mari à se faire justice lui-même?

Remarquez aussi que cette sorte de « fin de non-recevoir », accordée à la femme, à raison de l'adultère du mari, n'est pas accordée réciproquement au mari, à raison de l'adultère de sa femme. En d'autres termes, la femme adultère peut, elle, — malgré sa faute antérieure, — se plaindre de l'inconduite de son mari. La loi, du moins, est muette à cet égard; et, en matière pénale surtout, on ne peut arbitrairement suppléer au silence du législateur.

Ajoutons à toutes ces bizarreries la nouvelle

inégalité résultant de l'article 339, — lequel punit l'homme adultère d'une simple amende, tandis que la femme adultère est punie ou de la réclusion dans une maison de correction ou d'un emprisonnement de trois mois à deux ans.

Quant au complice de la femme adultère, il est puni de la même peine d'emprisonnement, comme l'épouse qu'il a compromise; il peut être condamné, en outre, à une amende de cent à deux mille francs.

En thèse générale, c'est ce « complice » qui est la cause originaire de tout le mal. C'est lui, séducteur entreprenant, qui attaque et qui provoque.

Assurément, la femme mariée n'est plus comme la jeune fille mineure, innocente et naïve, qui est abusée, trompée, et qui est souvent une intéressante victime. La femme sait parfaitement à quoi s'en tenir; elle sait qu'elle a tort d'écouter les propos d'un galant sans vergogne, — qui, quatre-vingt dix-neuf fois sur cent, se moque d'elle, — qui cherche à s'amuser en l'amusant, — et qui certes n'eût pas voulu l'épouser, avant qu'elle appartînt à un autre!

La femme sait qu'elle est doublement coupable lorsque, pour satisfaire l'égoïste lubricité d'un Lovelace, elle déchire le voile de la pudeur et trahit cyniquement son époux. Elle est complice; soit. Mais l'auteur principal est, en réalité, le muscadin qui l'a séduite et détournée de ses devoirs.

On pourrait crier au voleur et même à l'assassin, lorsque s'insinuent dans un ménage les héros de boudoir, qui font métier de la séduction. Car, non-seulement ces vils personnages, qui se mettent sournoisement dans le nid des autres, enlèvent ce qui ne leur appartient pas, mais ils causent souvent la mort d'une femme et d'un époux. Dans tous les cas, en sortant de la maison qu'ils ont souillée, ils emportent avec eux le bonheur et l'honneur de toute une famille. Ce sont des misérables.

§ 3.

Faisant fi des préjugés et dédaignant, ici encore, avec une entière liberté d'esprit, les sophismes, qui courent les salons ou les rues, nous dirons très franchement que l'adultère est, à nos yeux, un des attentats les plus graves et les plus odieux qu'un homme puisse commettre contre l'honneur et les droits d'autrui.

Et — au risque de passer pour un rigoriste, — nous ajouterons que s'il est une chose qui étonne notre conscience, c'est de voir ce criminel attentat traité avec tant de bénignité par le Code et la Justice.

Un homme, poussé par la faim ou la misère, s'introduit la nuit dans votre jardin, assiége votre maison, fracture une fenêtre pour aller ouvrir votre coffre-fort; la loi le traîne sur le banc des assises et l'envoie aux travaux forcés. — Mais, si un monsieur (qui se dit souvent votre ami) abuse lâchement de votre confiance, escalade vos croisées, ouvre la serrure de votre chambre conjugale pour vous ravir ce que vous avez de plus cher au monde, qu'advient il ? Ce damoiseau, qui s'enivre ainsi de volupté, se joue de votre honneur ; et, si vous portez plainte, la loi permet de traduire ce beau jeune homme en police correctionnelle !

Cependant, dites-le nous, qu'est-ce qu'un vol de quelques pièces de monnaie — dont vous pouvez aisément vous passer, et qui d'ailleurs pourront vous être restituées, — qu'est-ce qu'un vol « qualifié » à côté de ce rapt inqualifiable, qui empoisonne à jamais votre existence, jette un trouble irréparable dans une famille, sème le désordre dans la société, suscite des duels, des meurtres ou des assassinats ?

Eh bien ! au voleur d'argent, la cour d'assises ; au voleur de femmes, la police correctionnelle. Ici un crime ; là un délit. Voilà ce que décide notre loi pénale. Est-ce juste ?

Les juges sont encore plus bénins que le

Code ; ils ne prononcent jamais le maximum contre le séducteur d'une femme légitime et le bourreau d'un honnête homme. Quelques mois de prison ; quelques cents francs d'amende. — Et c'est tout.

Le monde est encore plus indulgent que les juges. Le chevalier de l'adultère passe pour un conquérant. En sortant de prison, il marche, la tête haute, comme quelqu'un qui n'est pas déshonoré ; il se pavane dans son cercle ; il débite de gauloises facéties ; il court ensuite vers votre femme, si elle lui plaît toujours, — ou vers de nouvelles amours.

Et c'est vous, oui, c'est vous, mari, qui serez déshonoré ! Vous passerez pour un homme ridicule et grotesque. On se moquera de vous, sans façon, sans pitié.

Voilà nos lois. Voilà nos mœurs.

Nos lois ? il faudrait, ce nous semble, les réformer en frappant avec plus de sévérité les deux complices d'un adultère. Nous comprenons qu'un époux offensé ne veuille pas se plaindre, dans certains cas, à la justice. Que l'on respecte sa réserve ou son pardon ; soit ! Mais lorsqu'il y a eu un scandale, lorsqu'il y a eu flagrant délit, lorsqu'il y a eu une plainte déposée entre les mains du ministère public, — moins contre la femme que contre son infâme suborneur, — le châtiment social doit être proportionné au forfait qui a été commis par un être malfaisant.

Nos mœurs? il faudrait peu à peu les modifier, en jetant aux orties de stupides préjugés, en revenant au sentiment de la justice, en flétrissant les vrais coupables.

L'exemple doit partir de haut. Ce sont les représentants du peuple qui doivent, les premiers, condamner énergiquement l'adultère qui est un outrage privé et un fléau social. Il ne faut pas considérer seulement cet odieux attentat comme un délit anodin ; il faut en faire un crime, aux yeux de la loi, comme aux yeux de la conscience de tous les honnêtes gens.

Certes, nous ne sommes plus au temps où l'on trainait les deux coupables, tout nus, sur la place publique, et où la loi leur infligeait un mutuel supplice. Nous ne sommes plus au temps où l'on punissait cruellement le complice masculin « par où il avait péché ». Laissons ces horreurs. Oublions ces barbaries d'un autre âge. A Dieu ne plaise que l'on réhabilite jamais les châtiments sanguinaires!

Que faire alors? Le voici :

L'adultère est, en soi, un acte infâme? Eh bien, faites comparaître les deux coupables, tristement accouplés, sur le banc des assises. Faites-les juger par leurs concitoyens, en face d'un nombreux auditoire. Frappez-les d'une peine infamante.

Condamnez, en outre, le séducteur, — le fourbe, le traître, le faux ami, — non point à des dommages-intérêts, mais à une amende considérable; et surtout imposez-lui une déchéance morale. Là est le point essentiel.

Puisque cet homme indélicat, ce forban, a souillé le foyer domestique, déshonoré une famille, troublé l'ordre public, déclarez, à juste titre, qu'il est indigne d'exercer tous les droits qu'exercent les hommes probes. Faites entre eux et lui une différence. Privez-le, pendant un certain temps, de ses droits civils et de ses droits politiques. Affichez, s'il le faut, son nom devant la mairie de la commune; clouez-le, moralement, au pilori de l'opinion publique!

Voilà ce qu'il faut faire.

Encore une fois, faites de la médecine préventive. Les lois ont une influence directe sur les mœurs.

Il y aura toujours des libertins et des séducteurs. Mais, soyez-en sûrs, un homme se décidera moins facilement à flétrir l'honneur d'une femme, à se jouer du bonheur d'un époux et à déshonorer des enfants légitimes, s'il sait que les tribunaux, pour punir son crime, — bien plus grave, au fond, qu'un vol, — lui feront passer dans une maison centrale quelques belles années de sa jeunesse, lui enlèveront une partie de sa fortune pour solder une amende pécuniaire, le dépouilleront de ses droits civils et politiques, et feront afficher son nom sur la liste des mauvais citoyens.

La femme aussi, soyez-en certains, s'abandonnera avec moins de complaisance, si elle entrevoit un scandale épouvantable, la honte de la salle d'assises et un châtiment proportionné à son forfait.

Quant au mari, il sera moins dispose à se faire justice lui-même, par un meurtre ou par un duel, le jour où, secondé par l'opinion, appuyé par le ministère public, il pourra aller avec confiance devant la justice de son pays, et obtenir contre le misérable qui a causé son malheur un châtiment exemplaire, une éclatante réparation.

La loi, en montrant, sur ce point capital, une plus juste sévérité, se placerait alors à la hauteur du devoir et du rôle des époux légitimes; elle viendrait. progressivement, sous l'influence de sa puissante autorité, dissiper les erreurs et détruire les sophismes qui règnent, en France, à l'égard des trahisons conjugales. Et, chaque année, l'on verrait diminuer le nombre des ménages séparés et des drames sanglants de l'adultère.

CONCLUSION

Quand le touriste a gravi une colline, il aime à se reposer un instant ; arrivé au but, il s'arrête pour contempler la route qu'il a suivie pas à pas, et il promène son regard sur l'ensemble du paysage qui se déroule devant lui.

Peut-être le lecteur voudra-t il, avant de fermer ce livre, jeter un coup d'œil rapide sur le chemin que nous venons de parcourir?

Résumons-nous.

Au commencement de cet ouvrage, nous croyons avoir démontré que, dans l'antiquité, les législateurs, imbus des idées qui avaient fait naître l'esclavage, sont partis d'un principe faux en considérant le mariage comme une sorte de vente, l'époux comme un maître despotique, et la femme comme une chose, une servante, une esclave.

L'esprit de « propriété » qui, par voie de conséquence, avait amené la polygamie, la répudiation et le divorce, rabaissait alors l'union conjugale et déshonorait la famille.

Plus tard, sous l'empire de l'ancien Droit français, la loi obligeait tous les citoyens à faire consacrer leur mariage par des prêtres catholiques. Cette législation de l'ancien régime, qui a interdit absolument le divorce, en s'inspirant de la décision du concile de Trente et de la doctrine définitive de l'Eglise romaine, — l'indissolubilité du mariage, — s'est appuyée sur une autorité des plus respectables, assurément; mais elle s'est basée, à notre avis, sur un principe faux, à savoir : que l'Etat doit imposer les règles et les dogmes d'une seule religion à tous les citoyens, quelles que soient leurs croyances.

Le législateur de 1792, se plaçant au point de vue de la société laïque et de l'unité nationale, a eu raison de considérer le mariage comme un contrat civil et de laisser chacun demander la bénédiction nuptiale au ministre de son culte. Mais il a eu tort de considérer le mariage comme un contrat ordinaire, qui peut toujours se résoudre par la volonté des parties, ou à cause de l'inexécution de certains engagements.

La plupart des réformateurs contemporains, s'inspirant des idées de 1792, disent que le Droit moderne n'admet plus de « contrats personnels » et que la loi peut dissoudre le mariage et la famille, au nom de la « liberté individuelle ». — Principe faux ! Car le mariage n'est pas contracté dans l'intérêt exclusif de deux personnes, et la liberté a pour limites légitimes le devoir, les droits des tiers et l'intérêt général.

Ils disent que la loi civile doit nécessairement admettre la liberté du divorce, au nom de la « liberté de conscience ».— Principe faux ! Car, dans une question d'ordre public, la loi positive ne doit pas plus imposer à tous les citoyens les règles d'une seule religion, qu'elle ne doit se plier à toutes les exigences de toutes les consciences et de tous les cultes. Le législateur doit faire une œuvre de raison et de justice ; il doit se préoccuper surtout de l'utilité sociale.

Ils disent aussi que le mariage est un contrat « comme tous les autres » et que la famille est une société ordinaire qui peut être dissoute au gré des associés. — Principe faux ! Car, dans les contrats ordinaires, la convention porte sur des objets « qui sont dans le commerce » et sur des intérêts passagers ; — dans le mariage, les époux stipulent sur leur propre existence et celle de leurs enfants. Or, les droits et les devoirs de « famille » sont inaliénables, aussi bien que « l'état des personnes ».

La véritable règle, à nos yeux, est celle-ci : le juriste et le législateur, en matière de divorce ou de séparation, ne doivent pas envisager seulement le mari et la femme, mais encore et surtout l'enfant légitime qui est, au point de vue de la nature et de la loi, un trait d'union vivant entre les deux époux, et qui, tant qu'il existe, forme avec ses parents une famille indivisible.

Jean-Jacques Rousseau exprimait un sentiment bien réel et bien juste lorsqu'il disait : « L'idée de mon fils m'attendrit pour sa mère plus que rien n'avait fait auparavant. Je sentis que ce point de réunion l'empêcherait toujours de m'être étrangère, et que l'enfant forme un nœud vraiment indissoluble, entre ceux qui lui ont donné l'être, et une raison naturelle et invincible contre le divorce. »

Et Portalis, le grand jurisconsulte, énonçait une idée foncièrement vraie en disant :

« Le pouvoir civil n'intervient dans le contrat d'union des époux que parce qu'il représente l'enfant à naître.

« L'engagement formé entre trois ne peut donc être rompu par deux *au préjudice des tiers*, puisque cette troisième personne, l'enfant, est, sinon la première, du moins la plus importante; que c'est à elle seule que tout se rapporte, et qu'elle est la raison sociale de l'union des deux autres. »

Les partisans du divorce considèrent toujours, dans le mariage, l'homme et la femme, et ils les traitent comme deux amants. Ils disent : Quand l'amour disparait « le reste s'évanouit (1). »

---

(1) Tissot, *Le mariage, la séparation et le divorce*, p. 5.

Non! « le reste » ne s'évanouit pas! Les enfants ne sont pas des chimères ou des songes : ce sont d'importantes réalités. Les liens du sang subsistent, indélébiles, et, avec eux, toutes les obligations naturelles, civiles, sociales qui en découlent.

La procréation des enfants, leur éducation, leur établissement, leur avenir supposent forcément la continuité et la continuation du mariage, — fait irrévocable, qui est la cause de leur naissance et la base de leur état civil.

Or, comme l'objet naturel du mariage est précisément la procréation des enfants; comme le but normal de cet acte public est la formation d'une famille légitime; et comme, en définitive, la stabilité des familles est une des assises fondamentales de l'ordre social, nous nous opposons au rétablissement inconsidéré du divorce qui, admis comme une règle générale, offre des dangers indiscutables, révélés d'ailleurs par l'histoire et la statistique.

Aujourd'hui, quand on parle de la question du divorce, l'on entend, d'une part, ceux qui disent : « Le mariage est un contrat d'une nature spéciale qui, *plus que tout autre*, doit pouvoir être résilié, alors même qu'un seul des époux en demande la résiliation, sans fournir d'autres motifs que sa volonté persistante (1), » et ceux qui disent, d'un autre côté : « Le mariage est un contrat d'une nature particulière, qui ne peut jamais être résilié, et qui est absoment indissoluble, dans quelque cas que ce soit. » — On se trouve toujours en face de deux opinions radicalement opposées.

Nous nous plaçons, nous, à un point de vue nouveau. Nous fondant sur l'ordre naturel des choses et sur la constitution civile de la famille, nous venons dire : L'acte de mariage ne peut pas être déchiré quand l'union conjugale, après son complet épanouissement, a créé des enfants légitimes ; et cet acte ne peut alors être lacéré parce que la loi civile ne peut dissoudre artificiellement la famille, naturellement indissoluble, qui s'est formée sous la protection même du pouvoir public. Un père, une mère et un fils ne peuvent divorcer.

Voilà le principe, profondément humain, et profondément vrai, que nous avons voulu mettre en lumière. Voilà le phare qui nous a dirigé au milieu des écueils que présente la question sociale du divorce.

Au point de vue exclusif de la loi positive,

---

(1) Naquet, *Le divorce*, p. 5. — On le voit, ce que demande là M. Naquet n'est autre chose que la *répudiation*.

nous ne demandons ni la liberté absolue du divorce, ni l'indissolubilité absolue du mariage.

Nous proclamons « l'indissolubilité *de la famille.* »

Ce principe, qui nous paraît indiscutable, nous conduit, logiquement, à la dissolubilité facultative *du mariage*, quand une famille n'a pas été fondée, et quand de graves motifs nécessitent une rupture entre deux personnes.

Voilà ce que doit être le divorce.

Pourquoi le contrat civil du mariage peut-il être résilié, en ce cas exceptionnel?

Parce que, selon-nous, — lorsqu'il ne s'agit plus d'un père et d'une mère, mais d'un « homme » et d'une « femme », isolés, sans enfants, — les époux désunis ne peuvent, en aucune manière, remplir le double but du contrat : séparés, ils ne peuvent plus s'entr'aider, s'assister; séparés, ils n'ont plus rien qui les relie *réellement* l'un à l'autre. Ils n'ont pas entre eux cette « attache vivante » qui a tant de puissance et de force; ils n'ont pas les consolations de la paternité et de la maternité; ils n'ont pas d'obligations communes, qui forment un point de contact et de rapprochement.

Ils n'ont pas à s'occuper « ensemble » — comme dit la loi — de l'entretien, de l'éducation, de l'établissement et du patrimoine de leurs enfants.

Ils n'ont pas d'espoir pour l'avenir. Ils sont seuls.

Alors, aucune raison sociale ou juridique ne nous paraît exiger la continuité du pacte matrimonial. Où est, en ce cas, l'utilité du lien civil? Nous ne la voyons pas. Le mariage peut donc être dissous par le Pouvoir public.

Toutefois, même en admettant, par exception, la dissolution du lien conjugal, — lorsque « la famille » n'existe pas ou n'existe plus, — nous avons pensé que la séparation de corps devait être toujours une règle générale, dans notre législation. Et nous admettons cette règle parce que, — même lorsqu'il n'y a pas d'enfants, — les nœuds du mariage sont trop sacrés pour être tranchés, d'un seul coup, comme le nœud gordien, par le glaive de la justice.

Voici donc, en termes plus explicites, l'idée qui a dominé notre esprit, et qui l'a guidé dans le tracé d'un plan de réformes :

Quand deux époux désunis se présentent, *une première fois*, pour demander aux magistrats un terme à la vie commune, la « séparation de corps », doit toujours être prononcée, qu'il y ait ou qu'il n'y ait pas d'enfants.

Il faut, en effet, se pénétrer de cette double pensée: d'abord, comme nous venons de le dire, le mariage est un acte trop solennel et trop grave pour être résilié, de prime saut, comme un bail; — puis, en somme, une querelle, une scène violente, un outrage ne sont pas des causes de rupture irrévocable. Une injure peut et même doit être pardonnée. Le temps efface bien des choses.

La réconciliation des époux est non-seulement présumable, mais désirable; tout doit concourir à ramener la concorde au foyer domestique.

Toute séparation judiciaire doit donc être précédée de plusieurs épreuves et de tentatives sérieuses de conciliation.

La séparation de corps peut être demandée par un seul des époux « pour causes déterminées ».

La séparation peut aussi avoir lieu « par consentement mutuel », après l'accomplissement obligatoire de formalités importantes, et avec le réglement judiciaire de la situation pécuniaire des époux. — Une telle séparation, tout en sauvegardant les intérêts des enfants et des créanciers, aura le grand avantage d'éviter des scandales publics, qui sont souvent une honte pour la famille, et en même temps de rendre plus facile la réunion des époux.

Ce n'est pas tout.

Quand deux époux en désaccord se présenteront, *pour la première fois*, devant la justice, les tribunaux devront prononcer d'abord la « séparation temporaire », pour un délai de trois ans.

Le mari et la femme pourront, bien entendu, se rapprocher avant le terme fixé par la loi.

Si, — après ce délai triennal, — la réconciliation n'a pas eu lieu ou paraît impossible, les époux seront admis l'un et l'autre à comparaître, une seconde fois, devant les magistrats.

Alors, les époux qui auront des enfants, pourront demander leur séparation de corps « définitive », — laquelle aura l'avantage de permettre toujours la réconciliation, dans un délai indéterminé.

Quant aux époux sans enfants, qui ne se seront pas rapprochés pendant les trois années d'épreuve, et qui resteront désunis, sans avoir entre eux aucune attache réelle, aucune chance sérieuse de retour, — ils auront la faculté de demander à la justice ou la « séparation de corps définitive », qui laissera encore subsister les liens civils du mariage, — ou, s'ils le préfèrent, la « dissolution du mariage », qui rompra pour toujours des chaînes inutiles et mettra fin à une union sans fruit et sans utilité sociale.

Telles sont les grandes lignes de notre projet de réforme au sujet de la séparation des époux.

Nous croyons sincèrement que des modifications, faites dans le sens que nous venons d'indiquer, constitueraient un progrès de quelque importance.

On moraliserait ainsi la loi sur la « séparation de corps », et, d'autre part, on pourrait délivrer les forçats du mariage qui, privés d'enfants, restent seuls et n'ont, eux, à s'occuper que de leurs intérêts personnels.

On donnerait, dans de sages limites, satisfaction au droit individuel, sans troubler l'ordre public et sans ébranler la stabilité de « la famille. »

La famille, voilà ce que le divorce ne doit pas atteindre. La famille, voilà le palladium à l'abri duquel les enfants doivent toujours trouver un foyer, un asile, un point de ralliement. La famille, voilà le lien qui assure aux parents légitimes l'unité de nom, la solidarité des intérêts, la transmission des traditions et des fortunes. La famille, voilà l'association qui se relie au passé par les ancêtres, à l'avenir par les descendants, et se continue ainsi à travers les âges, ajoutant toujours des anneaux à une chaîne sans fin. Cette chaîne-là est indissoluble. Le Parlement français ne voudra pas la dissoudre.

Enfin, pour compléter leur œuvre « moralisatrice », nos législateurs devraient, par tous les moyens, retremper les caractères et les affermir, non-seulement par « l'instruction », dont on parle toujours, mais aussi et surtout par « l'éducation » du peuple.

La culture de l'esprit ne suffit pas; il faut aussi élever l'âme et lui enseigner le bien, le vrai, le juste.

Or, les lois sont pour le peuple un mode d'enseignement; ces grandes maximes nationales s'imposent toujours à la conscience individuelle et ont une influence directe sur les mœurs publiques.

Voyez: la loi sur le service militaire n'a-t-elle pas ranimé le sentiment du patriotisme et modifié absolument, en quelques années, les idées et les habitudes de la jeunesse française?

Le Code est, en définitive, le catéchisme du citoyen.

Le législateur doit réagir contre les tendances vicieuses et détruire tous ces préjugés malsains qui circulent autour de nous. Il faut à tout prix s'occuper de l'hygiène morale de la nation et purifier l'atmosphère de tous ces miasmes délétères, qui flétrissent l'intelligence et atrophient le cœur.

Il faut enseigner à tous le culte de la vérité et la religion du devoir.

Nos Codes punissent durement les voleurs; l'autorité veille sur nos propriétés et nos porte-monnaie. C'est justice. Mais il faut se garder de placer la sécurité de l'argent au-dessus de l'intégrité de l'honneur. Vous protégez les coffres-forts. C'est bien. Mais protégez surtout la jeune fille; protégez la femme. Ce sera mieux encore.

La loi doit donc, entre autres choses, réprimer la « séduction », qui est une des causes primordiales de la dépravation populaire; car, c'est elle qui, chaque année, enlève des milliers de vierges au mariage et au bon génie de la maternité, pour les immoler au Minotaure de la débauche.

La loi doit aussi, avec une juste sévérité, réprimer l'adultère, qui jette le désarroi dans la société domestique, qui empoisonne la filiation légitime, et qui trouble la paix publique par des tueries et des massacres.

Voilà ce qu'il faut avoir le courage de demander et de faire, si l'on veut « moraliser » les masses et arrêter la « corruption » dont parle M. Naquet. On rehaussera ainsi le sentiment de l'honneur; on apprendra aux citoyens le respect de tout ce qui est sacré ; on donnera aux mœurs françaises plus d'austérité ; et, de la sorte, on propagera des vertus vraiment républicaines, qui deviendront une sauvegarde pour l'ordre public et seront en même temps une force nouvelle pour la patrie.

TABLE DES MATIÈRES

Pages.

TITRE PREMIER.

COUP D'ŒIL RÉTROSPECTIF.

Chapitre premier.

Chapitre II.

Chapitre III.

Chapitre IV.

TITRE II.

ANCIEN DROIT FRANÇAIS.

Chapitre premier.

Chapitre II.

Chapitre III.

TITRE III.

LOIS CONTEMPORAINES.

Chapitre premier.

Chapitre II.

Chapitre III.

TITRE IV.

LES PRINCIPES DE M. NAQUET.

Chapitre premier.

Chapitre II.

Chapitre III.

Chapitre IV.

TITRE VI.

LA SOCIÉTÉ.

Chapitre premier.

Pages.

Paris. — Impr. F. PICHON. — A. COTILLON, 37, rue des Feuillantines, et 24, rue Soufflot.

www.ingramcontent.com/pod-product-compliance
Ingram Content Group UK Ltd.
Pitfield, Milton Keynes, MK11 3LW, UK
UKHW012150240726
13966UKWH00001B/246

9 782012 89399